अनुसूचित जनजाति। अगस्टीन का हिप्पो (354–430 ई.)

से ए बेचेन होना दिल को ए लिखा हुआ ज़िंदगी

जीविका पत्र – 40 दिन धार्मिक श्रृंखला - 1

AF765924

द्वारा

औरिलिअस ऑगस्टीनस – अनुसूचित जनजाति अगस्टीन का हिप्पो; ज़ाकारियास गॉडसीगल;

अम्ब. एम। ओ ओगबे;

सी। लाडी ओगबे;

मेज़ का अंतर्वस्तु

कॉपीराइट © पृष्ठ

S टी। अगस्टीन का हिप्पो (354–430 ई.)

से ए बेचेन होना दिल को ए लिखा हुआ ज़िंदगी

जीविका पत्र – 40 दिन धार्मिक श्रृंखला | किताब 1

लेखक

औरिलिअस ऑगस्टीनस (अनुसूचित जनजाति। अगस्टीन का हिप्पो) ज़ाकारियास गॉडसीगल

राजदूत सोमवार ओ Ogbe Comfort Ladi Ogbe PUBLISHER

जकारिया गॉडसीगल और गॉडसीगल मंत्रालयों

प्रकाशित: **ज़ाकारियास गॉडसीगल** संपर्क करें - https ://www.ota kad a.org

ambassador@otakada.org

टेली/एसएमएस +13024922440;

व्हाट्सएप +2348032835348

अस्वीकरण

यह किताब है ए धार्मिक और शागिर्दी संसाधन. जबकि यह खींचता *सेंट ऑगस्टाइन के कन्फेशंस* सहित ऐतिहासिक लेखन से , इसका इरादा नहीं है ए गंभीर अकादमिक संस्करण या ए प्रतिस्थापन के लिए प्राथमिक उलेमाओं पाठ.

इंजील कोटेशन हैं इस्तेमाल किया गया के लिए धार्मिक और अनुदेशात्मक उद्देश्य। व्याख्याएँ और अनुप्रयोगों हैं पेश किया इस बारे में प्रार्थना और पादरी के रूप में।

शास्त्र सूचना

जब तक कुछ और न बताया जाए, धर्मग्रंथों के कोट आम तौर पर इस्तेमाल होने वाले कोट से लिए गए हैं अंग्रेज़ी अनुवाद. ज़ोर है गया जोड़ा में स्थानों के लिए स्पष्टता और भक्ति केंद्र।

मुद्रण जानकारी

मुद्रित में यूनाइटेड राज्य अमेरिका का

अमेरिका प्रथम संस्करण

पुस्तक के बारे में – हिप्पो के सेंट ऑगस्टीन (354–430 AD) –

से ए बेचेन होना दिल को ए लिखा हुआ ज़िंदगी

W टोपी करता है यह देखना पसंद कब ईश्वर इनकार को छोड़ देना ए आत्मा?

हिप्पो के ऑगस्टीन (354–430 AD) का जीवन इस सवाल का जवाब देता है साथ असामान्य ईमानदारी और टिके रहते हुए शक्ति।

ऑगस्टीन का कहानी जारी है को बोलना आर-पार सदियों क्योंकि यह दर्शाता एक संघर्ष अनेक विश्वासियों फिर भी पहचानना आज-एक ज़िंदगी चिह्नित द्वारा इच्छा बिना आराम के, बिना आज्ञाकारिता के ज्ञान, बिना समर्पण के विश्वास, और कृपा जो जाने नहीं देती। उनकी यात्रा इंसान के दिल और आत्मा के अंदरूनी संघर्ष को उजागर करती है। दयाहीन दया का ईश्वर कौन पीछा करता है, सामना करता है, पुनर्स्थापित करता है, और रूपांतरित करता है।

जीविका पत्रः अनुसूचित जनजाति। अगस्टीन का हिप्पो (354–430 **ई.**) है ए **ईसाई भक्ति जीवनी** डिजाइन को शिष्य विश्वासियों के माध्यम से रहते थे एब्स्ट्रैक्ट थ्योरी के बजाय गवाही । *ऑगस्टीन के कन्फेशंस से प्रेरणा लेकर* और एंकर किया गया दृढ़ता से में धर्मग्रंथ, यह किताब प्रस्तुत करता है ऑगस्टीन का ज़िंदगी नहीं जैसा दूर का इतिहास, लेकिन जैसा ए **जीविका पत्र लिखा हुआ द्वारा ईश्वर के लिए गिरजाघर आज** ।

एक दिलचस्प जीवनी कहानी और ध्यान से बनाई गई 40 **दिन की भक्ति यात्रा के ज़रिए** , पढ़ने वालों को पछतावा, पहचान, विलंबित आज्ञाकारिता, विभाजित इच्छा, आंतरिक टकराव, अनुग्रह, पवित्रता, धीरज, आध्यात्मिक युद्ध, परिपक्वता, और

दृश्यमान फल। यात्रा जानबूझकर ऑगस्टीन के बनने से पाठक के बदलाव की ओर बढ़ती है । अंतिम आंदोलन का किताब परिवर्तन दृढ़ता से की ओर पाठक. बारीक, कहानी पर आधारित सिनेरियो और व्यावहारिक कामों के ज़रिए, पढ़ने वालों को आमंत्रित को अवतार लेना क्या वे पास होना सीखा—जांच करना उनका अपना ज़िंदगियाँ **जीवित** के रूप में **पत्र का मसीह** , लिखा हुआ द्वारा आत्मा का जीविका ईश्वर और पढ़ना द्वारा दुनिया .

यह किताब **व्यक्तिगत भक्ति, ग्रुप स्टडी, चर्च में शिष्य बनाने के लिए लिखी गई है। नेतृत्व गठन, और मिशनों प्रशिक्षण** । यह है डिजाइन ना केवल को सूचित करना, लेकिन को रूप—पुकार विश्वासियों को ए आस्था वह है दृश्यमान, सुपाठ्य, और फलदायी.

यह है नहीं केवल ए कहानी के बारे में ऑगस्टीन.

यह है ए पुकारना को बनना **लिखने योग्य में हाथ का भगवान** . **यह किताब किसके लिए है**

यह किताब है के लिए:

- ईसाइयों भूखा के लिए आध्यात्मिक गहराई और आज्ञाकारी आस्था
- विश्वासियों कुश्ती साथ विलंबित समर्पण या विभाजित इच्छा
- गिरजाघर नेताओं अनुशासन अन्य में वास्तविक जीवन ईसाई धर्म
- नया विश्वासियों चाह रहा है प्रामाणिक मॉडल का रहते थे आस्था
- पाठकों कौन चाहना इंजील **लागू** , नहीं केवल व्याख्या की

सच्चाई को पर्सनलाइज़ करने के लिए पवित्र आत्मा पर भरोसा करते हैं। अनुसार को प्रत्येक पाठक का यात्रा।

वादा का यह किताब

यह किताब वादे को:

- अवेकन आध्यात्मिक भूख
- सामना होना अधूरे मन से आज्ञाकारिता
- को मजबूत आस्था के माध्यम से ईमानदार गवाही
- गहरा प्यार के लिए इंजील
- प्रेरित करना ए ज़िंदगी वह भालू दृश्यमान फल
- लैस पाठकों को रहना जैसा राजदूतों का ईसा मसीह

यह करता है **नहीं** वादा आराम बिना परिवर्तन।

यह वादे **परिवर्तन के माध्यम से आत्मसमर्पण** . शालोम!

ज़ाकारियास गॉडसीगल; एम.ओ. ओगबे; सी. लाडी ओगबे
गॉड्स ईगल मिनिस्ट्रीज़
https : //www.ot
akada.org
ambassador@otakada.org

समर्पण

T उसका किताब है समर्पित को प्रत्येक आत्मा ईश्वर अस्वीकार करना को छोड़ देना।
को वे कौन माना जाता है कि लंबा पहले वे आज्ञा का
पालन किया। वे कौन प्यार ईश्वर लेकिन कुश्ती लड़ी साथ के
हवाले वे कौन जानता था सच अभी तक विलंबित संरेखण।
को वे किसका यात्रा है गया धीमा, उलझा हुआ, और गहरा इस पर विवाद हुआ। काम
है समर्पित को विश्वासियों कौन हैं फिर भी प्राणी लिखा हुआ-
जिनका जीवन अभी साफ-सुथरा नहीं है, लेकिन अभी भी
समर्पित है; जिनका विश्वास पूरा नहीं है, लेकिन मज़बूत है;
जिसकी कहानी अभी खत्म नहीं हुई है, बल्कि पूरी ईमानदारी से
भगवान को सौंप दी गई है। ऊपर सभी, यह किताब है समर्पित को
वैभव का ईश्वर,
कौन कर्मों भटकना, का सामना वह मज़बूत है, टूटे हुए को ठीक
करता है, और जो काम उसने शुरू किया है उसे पूरा करता है।
हर जीवन जो इन पन्नों से मिलता है, मसीह का एक साफ़
गवाह बन जाए,
ए अधिक वास्तविक प्रतिबिंब का
अनुग्रह, और एक जीवित पत्र—
लिखा हुआ द्वारा आत्मा का जीविका ईश्वर।

आभार

T उसका काम खड़ा पर पवित्र मैदान आकार द्वारा धर्मग्रंथ, इतिहास, प्रार्थना, और आज्ञाकारिता।

पहला और हमेशा, सभी सम्मान और कृतज्ञता संबंधित को ईश्वर लेखक जीवन, सच्चाई और बदलाव के बारे में। उनकी आत्मा के बिना, कोई रहस्योद्घाटन नहीं है; उनकी कृपा के बिना, कोई पछतावा नहीं है; उनके धैर्य के बिना, कोई पूरा काम नहीं है। यह किताब मौजूद है क्योंकि ईश्वर जारी है को लिखना पर इंसान दिल और इनकार अपने हाथों के काम को छोड़ देना।

हम **हिप्पो के ऑगस्टीन की हमेशा रहने वाली गवाही को मानते हैं** , जिनकी ईमानदारी पहले ईश्वर और गिरजाघर जारी है को निर्देश देना, अपराधी, और सदियों को चंगा करना बाद में। उसका इच्छा को अपराध स्वीकार करना कमजोरी की अपेक्षा बजाय क्यूरेट ताकत ने चर्च को एक ऐसी गवाही दी है जो हर पीढ़ी में बहुत काम की बनी हुई है।

कन्फेशंस और पीढ़ियों के संरक्षण के लिए आभारी हैं का विश्वासियों, विद्वानों, अनुवादकों, पादरी, और शिक्षकों कौन सुरक्षित रखा है धर्मग्रंथों और ईमानदारी से उत्तीर्ण नीचे ईसाई गवाह। हम खड़ा होना नहीं जैसा अन्वेषकों का सच, लेकिन जैसा प्रबंधकों का ए पवित्र विरासत।

यह किताब है भी आकार द्वारा अगोचर श्रम का चर्च—द्वारा सलाहकार जो पढ़ाया आज्ञाकारिता की अपेक्षा बजाय तालियाँ, द्वारा नेताओं कौन मॉडलिंग अखंडता के अंतर्गत दबाव, द्वारा समुदाय वह महत्वपूर्ण गठन ऊपर प्रदर्शन, और तक मध्यस्थों किसका प्रार्थना हैं ज्ञात केवल को ईश्वर।

अंत में, हम स्वीकार करना प्रत्येक पाठक कौन इच्छा काम पर लगाना इन पृष्ठों नहीं सामग्री के रूप में को उपभोग करना, लेकिन जैसा ए पुकारना को जवाब देना। यह किताब है अधूरा आपके बिना आज्ञाकारिता। इसका सत्य फल इच्छा नहीं होना मापा में पृष्ठों पढ़ना, लेकिन में जीवन संरेखित, आदतें बदल गया, और ईसा मसीह बनाया दृश्यमान के माध्यम से वफादार गवाह।

मई ईश्वर प्राप्त करें वैभव के लिए क्या वह अकेला कर सकना लिखना।

प्रस्तावना

T वह ईसाई आस्था है कभी नहीं गया निरंतर द्वारा विचारों अकेला। यह है हमेशा गया संरक्षित के माध्यम से **ज़िंदगियाँ** ।

अब्राहम के जान-पहचान से दूर जाने से लेकर मूसा के बोझ उठाने तक का ए राष्ट्र, को पॉल संगठित इंजील वह एक बार विरोध किया, ईश्वर ने लगातार न केवल लिखित रहस्योद्घाटन के माध्यम से, बल्कि **सन्निहित के माध्यम से खुद को ज्ञात करने का विकल्प चुना है आज्ञाकारिता** । पवित्र शास्त्र सत्य को प्रकट करता है; जीवन प्रदर्शित करते हैं यह। सिद्धांत निर्देश देता है; गवाह आश्वस्त करता है.

हर पीढ़ी में, चर्च को एक ही खतरे का सामना करना पड़ता है: यह मानना कि सच से सहमत होना, सच के आगे झुकने जैसा ही है। हम ऐसे समय में जी रहे हैं जहाँ धर्मग्रंथ, थियोलॉजी और ईसाई धर्म की बातें पहले कभी नहीं मिली हैं—फिर भी हम ऐसे समय में भी जी रहे हैं जहाँ दिखने वाले फल, आध्यात्मिक धीरज और आज्ञाकारी विश्वास बहुत कम होते जा रहे हैं। आज की चुनौती सच की अनदेखी नहीं, बल्कि **बनने का विरोध है** ।

जीविका पत्र श्रृंखला मौजूद है क्योंकि बाइबिल स्वयं इस बात पर जोर वह विश्वासी हैं नहीं केवल पाठकों का धर्मग्रंथ, लेकिन **इसका निरंतरता** —पत्र लिखा हुआ साथ नहीं स्याही, लेकिन साथ आत्मा का जीविका ईश्वर, ज्ञात और पढ़ना द्वारा सभी ईसाई धर्म को कभी भी दूर से तारीफ़ के लिए नहीं बनाया गया था। इसे **देखने के लिए बनाया गया था, परीक्षण किया गया, और व्याख्या के माध्यम से ज़िंदगियाँ** ।

हिप्पो के ऑगस्टीन इस सच्चाई के सबसे साफ़ और ईमानदार उदाहरणों में से एक हैं। उनकी ज़िंदगी साफ़-सुथरी या सीधी नहीं थी। यह पब्लिक, उलझी हुई, दिमागी तौर पर

शानदार, नैतिक रूप से विभाजित, गहरा पापी, सत्यता पश्चातापी, और अंत में आत्मसमर्पण कर दिया। अगस्टीन किया नहीं क्यूरेट ए गवाही; वह **कबूल कर लिया एक जीवन** । उसने अपनी कमियों को नहीं छिपाया; उसने उन्हें परमेश्वर के सामने रखा ताकि दूसरों को ठीक किया जा सके, चेतावनी दी जा सके और उन्हें मज़बूती दी जा सके।

यह खंड एक जानबूझकर *लिविंग एपिस्टल्स - 40 दिवसीय भक्ति श्रृंखला का शुभारंभ करता है* दृढ़ विश्वास: शागिर्दी है ACCELERATED कब विश्वासियों देखना कैसे सच ये है रहते थे **अंतर्गत दबाव** , **ऊपर समय** , **के माध्यम से देरी** , **में असफलता** , और **द्वारा अनुग्रह** ।

ऑगस्टीन का कहानी को सिद्ध करता वह परिवर्तन है अक्सर और धीमा बजाय हम अपेक्षा, जितना हम पसंद करते हैं उससे अधिक गड़बड़, और मात्र विश्वास की तुलना में कहीं अधिक मांग वाला - लेकिन साथ ही कहीं अधिक स्थायी.

यह किताब एक चर्च के लिए लिखी गई है, जिसे न केवल यह वापस पाना है कि वह क्या मानता है, बल्कि **यह भी कि वह कैसे जीता है** ।

पाठक समीक्षा

"Tउसका किताब बदल देती है अगस्टीन से ए दूरस्थ उलेमाओं बहुत बड़ा एक में साथी तीर्थ किसका संघर्ष, देरी, और समर्पण अनुभव करना आश्चर्यजनक ढंग से आधुनिक। यह है दोनों गंभीर और आशा से भरा।"

"बायोग्राफी, धर्मग्रंथ और आध्यात्मिक विकास का एक अनोखा मेल। यह भक्ति सिर्फ़ मन को जानकारी नहीं देती—यह दिल पर धीरे से लेकिन मज़बूती से दबाव डालती है।"

"जीविका पत्र आमंत्रण पाठक को रुकना अवलोकन आस्था से दूरी बनाओ और उसे साफ़-साफ़ जीना शुरू करो। ऑगस्टीन की ईमानदारी पर्सनल लाइफ का रास्ता बन जाती है पछतावा और नवीकरण।"

पॉलिश नहीं होती ज़िंदगियाँ, लेकिन झुकेंगे वाले. ऑगस्टीन का कहानी है संभाला साथ श्रद्धा, गहराई, और देहाती बुद्धि।"

"अधिक बजाय ए 40 दिन भक्ति, यह किताब है ए निरंतर कृपा से मुलाकात – ऐसी कृपा जो पीछा करती है, प्रतीक्षा करती है, सामना करती है, और अंततः बदल देती है।"

परिचय

"Y कहां हैं हमारा पत्र, लिखा हुआ में हमारा दिल, ज्ञात और पढ़ना द्वारा सभी पुरुष।"
— 2 कुरिन्थियों 3:2

ईश्वर कभी नहीं अभिप्रेत उसका शब्द को अवशेष अमूर्त।

वह अभिप्रेत यह को बनना माँस फिर से—के माध्यम से उसका लोग।

धर्मग्रंथों थे नहीं दिया गया केवल को सूचित करना दिमाग, लेकिन को **रूप जीवन** . से शुरुआत, भगवान का डिज़ाइन है गया वह उसका सच चाहेंगे होना मानवीय आज्ञाकारिता के माध्यम से स्पष्ट रूप से किया जाता है - ताकि दुनिया न केवल सुन सके कि क्या है सत्य, लेकिन **देखना क्या यह पैदा करता है** .

हिप्पो के ऑगस्टीन की ज़िंदगी इस डिज़ाइन को हैरान करने वाली साफ़-साफ़ दिखाती है। ऑगस्टीन को सच का पालन करने से बहुत पहले पता था। उन्होंने भगवान को पूरी तरह से सरेंडर करने से पहले उनसे प्यार किया। वह ईसाई धर्म की बात मानने का विरोध करते हुए भी ईसाई सिद्धांत को साफ़-साफ़ बता सकते थे। उनकी कहानी एक ऐसे तनाव को सामने लाती है जिसे कई मानने वाले चुपचाप महसूस करते हैं। ढोना आज: अंतर बीच में क्या हम अपराध स्वीकार करना और क्या हम अभ्यास।

ऑगस्टीन का यात्रा है नहीं कहानी का ए आदमी कौन कमी रह गई थी ज्ञान। यह है कहानी का ए आदमी किसका **इच्छा लेग्ड पीछे उसका आस्था** , किसका इच्छाएँ प्रतिरोधित संरेखण, और किसका समर्पण आया केवल बाद लंबा संघर्ष। ईश्वर उस देरी में उन्होंने उसे नहीं छोड़ा। इसके बजाय, उन्होंने महत्वाकांक्षा के ज़रिए ऑगस्टीन का पीछा किया, बुद्धि, सफलता, असफलता, इच्छा, शर्म करो, और प्रतिरोध—जब तक मसीह था नहीं केवल माना जाता है, लेकिन **बनाया अंदर** ।

यह किताब आपको ऑगस्टीन की ज़िंदगी में एक दर्शक की तरह नहीं, बल्कि एक हिस्सेदार की तरह बुलाती है। यह आपसे उनके बदलाव की तारीफ़ करने या उनकी थियोलॉजी को सेफ़ दूरी से एनालाइज़ करने के लिए नहीं कहती। यह आपको अपनी खुद की देरी, बँटी हुई चीज़ों को देखने के लिए बुलाती है। प्यार करता है, निजी समझौते, और पैटर्न का प्रतिरोध में रोशनी पवित्रशास्त्र और जीवित गवाह।

जैसे-जैसे भक्ति आगे बढ़ती है, फोकस धीरे-धीरे बदलता जाता है। ऑगस्टीन की ज़िंदगी एक आईना बन जाती है, और आखिरकार आईना पूरी तरह से पढ़ने वाले की तरफ मुड़ जाता है। अंतिम आंदोलन का यह यात्रा है जानबूझकर व्यावहारिक और

खोज—प्रस्तुति आधुनिक परिदृश्य, शांत अधिनियमों का आज्ञाकारिता, और क्षण फ़ैसला कहाँ आस्था अवश्य बनना दृश्यमान।

आप हैं नहीं पढ़ना इतिहास अकेला।

आप पढ़ रहे हैं कि भगवान एक ऐसे जीवन के साथ क्या कर सकते हैं जो आखिरकार सफल हो। और द्वारा अंत, आप हैं नहीं अब केवल ए पाठक.

आप हैं पत्र प्राणी लिखा हुआ।

कैसे को उपयोग यह किताब के लिए व्यक्तियों और समूह

1 . **का उपयोग करते हुए यह किताब जैसा एक व्यक्ति**

यह धार्मिक है नहीं डिजाइन के लिए रफ़्तार, आयतन, या जानकारी जमा करना। इसे **बनाने के लिए डिज़ाइन किया गया है** ।

A. दैनिक लय (15–30 मिनट)

प्रत्येक दिन है STRUCTURED को होना रहते थे, नहीं जल्दी की।

अनुशंसित प्रवाह:

1. **पढ़ना धीरे से**

   करना नहीं स्किम. पढ़ना जैसा यद्यपि मूलपाठ है पढ़ना *आप*।

2. **प्रवेश करना परिदृश्य**

   करना नहीं विश्लेषण यह।

   कल्पना करना अपने आप को में यह। होने देना यह सतह ईमानदार प्रतिक्रियाएं।

3. **बैठना साथ सवाल**

   प्रश्न हैं नहीं मतलब को होना उत्तर कुछ तो पूरे दिन रहने के लिए होते हैं ।

4. **अभ्यास कार्रवाई**

   प्रत्येक दिन शामिल ए छोटा कार्य का आज्ञाकारिता।

   करना यह चुपचाप. करना नहीं की घोषणा यह। होने देना यह आकार आप।

5. **प्रार्थना करना केवल**

   प्रार्थना हैं जानबूझकर मैदान।

उपयोग उन्हें जैसा लिखा हुआ या होने देना उन्हें खुला आपका अपना शब्द।

B. मुद्रा के लिए व्यक्ति उपयोग

- पढ़ना **एक दिन प्रति दिन केवल**
- टालना कूद आगे, यहां तक की अगर अगला दिन महसूस करता आकर्षक

- करना नहीं देखना के लिए भावनात्मक अनुभव—देखो के लिए संरेखण
- पत्रिका केवल क्या है ज़रूरी; आज्ञाकारिता मामले अधिक बजाय अंतर्दृष्टि

यह किताब काम करता है श्रेष्ठ कब पढ़ना **साथ संयम** ।

C. कब को विराम

अगर ए दिन उजागर प्रतिरोध, दृढ़ विश्वास, या थकान:

- रहना साथ वह दिन के लिए एक अतिरिक्त 24–48 घंटे
- अभ्यास कार्रवाई दोबारा
- करना नहीं जल्दबाज़ी करना परिवर्तन

आध्यात्मिक गठन है नहीं रैखिक।

2. का उपयोग करते हुए यह किताब में ए समूह सेटिंग

यह किताब है जानबूझकर लिखा हुआ को समारोह में **छोटा समूह, शिष्यत्व मंडल, नेतृत्व दल, और सेवकाई दल** ।

A. आदर्श समूह आकार

- 4–8 **लोग** है इष्टतम
- से कम बजाय 4 सीमा गवाह
- अधिक बजाय 10 सीमा ईमानदारी

यह है ए **गठन अंतरिक्ष** , नहीं ए कक्षा.

B. साप्ताहिक समूह लय (अनुशंसित)

की अपेक्षा बजाय बैठक दैनिक, समूह चाहिए कदम पर ए **साप्ताहिक गति** . **सुझाया गया संरचना:**

- 5 धार्मिक दिन व्यक्तिगत रूप से (दिन 1–5)
- 1 समूह बैठक को प्रक्रिया
- 1 आराम या पकड़ो दिन

यह अनुमति देता है आज्ञाकारिता को होना अभ्यास निजी तौर पर और प्रसंस्कृत कॉर्पोरेट रूप से।

C. समूह बैठक संरचना (60–90 **मिनट**)

1. प्रारंभिक शांति (5 **मिनट**) कोई

अपडेट नहीं। कोई चर्चा नहीं। बस

कमरे को शांत कर दो।

2. साझा कुछ विचार (30 **मिनट**)

प्रत्येक व्यक्ति जवाब केवल:

- *क्या विरोध मुझे यह सप्ताह?*
- *क्या किया ईश्वर सतह?*

नहीं फिक्सिंग। नहीं शिक्षण.

3. इंजील और प्रभेद (20 **मिनट**)

पढ़ना चाबी धर्मग्रंथों जोर धीरे-धीरे पूछें:

- *क्या फल है बन रहा है?*
- *क्या संरेखण है ईश्वर की मांग कर रहा के लिए?*

4. प्रार्थना और घोषणा (15 **मिनटों**)

प्रार्थना करना के लिए आज्ञाकारिता, नहीं

आराम. बोलो घोषणाओं एक साथ।

D. समूह नियम (बहुत महत्वपूर्ण)

के लिए यह किताब को काम में समूह, अगले अवश्य होना मान गया ऊपर:

- नहीं को सही एक एक और
- नहीं शिक्षण जब तक आमंत्रित न किया जाए
- नहीं सलाह जब तक अनुरोध किया
- नहीं बंटवारे बाहर समूह
- नहीं आध्यात्मिक तुलना

यह है ए **सुरक्षित गठन पर्यावरण** , नहीं ए बहस मंच.

3. का उपयोग करते हुए यह किताब के लिए नेतृत्व और शागिर्दी

यह धार्मिक है विशेष रूप से असरदार के लिए:

- गिरजाघर नेतृत्व टीमें
- मंत्रालय इंटर्न
- उभरते नेताओं
- प्रौढ़ विश्वासियों प्रवेश नया ज़िम्मेदारी

A. नेतृत्व ज़ोर

नेताओं चाहिए वेतन विशेष ध्यान को:

- दिन पर अधिकार, मौन, धैर्य, और प्रदर्शन
- परिदृश्यों वह अनावृत करना स्वर, नियंत्रण, और दृश्यता
- कार्रवाई वह ज़रूरत होना संयम की अपेक्षा बजाय पहल

यह किताब फार्म **चरित्र पहले क्षमता** ।

B. सुविधा भूमिका

अगर आप हैं अग्रणी अन्य के माध्यम से यह किताब:

- करना नहीं हावी होना बहस
- नमूना भेद्यता बिना अधिक साझा करना
- अनुमति दें मौन
- रक्षा करना गति

आपका भूमिका है **अभिभावक का पर्यावरण** , नहीं विशेषज्ञ।

4. क्या यह किताब है — और है नहीं

यह किताब है:

- ए गठन यात्रा
- ए शागिर्दी औजार
- ए आईना के लिए आज्ञाकारिता
- ए कमीशन संसाधन

यह किताब है नहीं:

- ए धर्मशास्त्र पाठयपुस्तक
- ए प्रेरक धार्मिक
- ए त्वरित-पढ़ने के लिए कार्यक्रम

- ए व्यक्तित्व संचालित अध्ययन

यह है डिजाइन को **छुट्टी निशान** , नहीं छापें।

5. ए अंतिम शब्द को पाठकों

चाहे आप टहलना के माध्यम से यह किताब अकेला या साथ अन्य, ज़िम्मेद वही है:

आप हैं नहीं पूछा को प्रशंसा करना सच।

आप हैं पूछा को **बनना** पढ़ने **लायक** धीरे से।

आज्ञा का

पालन करना

चुपचाप।

जियो स्पष्ट

रूप से।

दुनिया है पढ़ना।

अनुसूचित जनजाति। अगस्टीन का हिप्पो (354–430 ई.) - ए ज़िंदगी ईश्वर अस्वीकार करना को छुट्टी अकेला

भरा हुआ नाम का अनुसूचित जनजाति। अगस्टीन का हिप्पो था **औरिलिअस ऑगस्टीनस** (लैटिन में) या **औरिलिअस ऑगस्टीन** . वह है प्रसिद्धि से ज्ञात जैसा अगस्टीन का हिप्पो (लैटिन: *औरिलिअस ऑगस्टीनस हिप्पोनेंसिस*), होना सेवित जैसा बिशप का हिप्पो रेगियस उत्तरी अफ्रीका में 396 से 430 AD तक रहा।

- **जन्म नाम:** औरिलिअस ऑगस्टीनस.
- **महत्व:** वे लैटिन चर्च के फादर, फिलॉसफर और कैथोलिक चर्च के डॉक्टर थे।
- **प्रसंग:** वह है मान्यता प्राप्त के लिए उसका योगदान को पश्चिमी ईसाई धर्म और दर्शन, साथ प्रसिद्ध काम करता है जिसमें *कन्फेशंस* और *द सिटी ऑफ गॉड* शामिल हैं ।

अध्याय एक

एक बेचैन बच्चा, एक प्रार्थना करने वाली माँ, और एक भगवान जो देखता रहा

Hई चाहेंगे बाद में बनना एक का अधिकांश प्रभावशाली ईसाइयों कौन कभी रहा। लेकिन पर शुरुआत, **कुछ नहीं के बारे में अगस्टीन सुझाव दिया आत्मसमर्पण** ।

वह विनम्र होने से पहले प्रतिभाशाली था।

आज्ञाकारी होने से पहले जिज्ञासु। बेचैन

लंबा पहले वह था छुड़ाया गया।

ऑगस्टीन का जन्म 354 AD में उत्तरी अफ्रीका के एक छोटे से शहर में हुआ था। थगास्टे, में क्या है अब आधुनिक दिन अल्जीरिया. वह प्रविष्टि की दुनिया एक संत के रूप में नहीं , बल्कि एक विरोधाभास के रूप में - विश्वास से विभाजित घर में पला-बढ़ा, ए माँ कौन प्रार्थना की लगातार, और प्रभावित द्वारा ए पिता कौन पवित्रता से ज़्यादा महत्वाकांक्षा की तारीफ़ की।

से उसका जल्द से जल्द दिन, ऑगस्टीन का दिल झुक की ओर *और अधिक चाहना* —और अधिक आनंद, अधिक ज्ञान, अधिक मान्यता, अधिक स्वतंत्रता। अभी तक नहीं जैसा ए बच्चा, कुछ अन्य था उपस्थित: ए गहरा, अज्ञात असंतोष जो हर जगह उसका पीछा करता था।

बाद में उसने कबूल किया कि समस्या ईश्वर के बारे में अज्ञानता नहीं थी, लेकिन **वे गलत प्यार** ।

लेकिन कैसे करता है ए बच्चा सीखना क्या को प्यार?

और कौन है आकार देने हमारा इच्छाएँ पहले हम हैं यहां तक की जागरूक

का उन्हें? ये प्रश्न चाहेंगे अड्डा ऑगस्टीन का ज़िंदगी।

ए घर विभाजित

मोनिका की सतर्क देखभाल में बड़ा हुआ। ईसाई महिला किसका आस्था था नहीं शांत, विनम्र, या निजी। उसने प्रार्थना की साथ आँसू। वह माना जाता है कि साथ अटलता। वह भरोसा ईश्वर के लिए उसकी बेटा भी कब उसका विकल्प प्रतीत हुआ को खंडन प्रत्येक आशा वह आयोजित।

उनके पिता, पैट्रिकियस, एक पैगन थे—महत्वाकांक्षी, सामाजिक रूप से प्रेरित, और कहीं ज़्यादा चिंतित साथ ऑगस्टीन का भविष्य सफलता बजाय उसका भविष्य आत्मा। वह ऑगस्टीन की बुद्धि की तारीफ़ की और समाज में उनके आगे बढ़ने का सपना देखा, फिर भी ज़्यादा चिंता नहीं दिखाई के लिए गठन का उसका चरित्र।

दो आवाज आकार युवा ऑगस्टीन:

- एक कॉलिंग उसे ऊपर की ओर में आस्था
- अन्य धक्का उसे जावक की ओर उपलब्धि

उनके बीच एक लड़का था जो जल्दी ही सीख गया था कि **बुद्धि, ज्ञान से ज़्यादा तेज़ी से आगे बढ़ सकती है** , और भगवान के लिए प्यार बिना आज्ञा पालन के भी हो सकता है। ईश्वर।

कौन आवाज़ करना हम सुनना को कब दोनों वादा ए भविष्य?

ए तीखा दिमाग और ए ढीला दिल

ऑगस्टीन स्कूल में बहुत अच्छा था। उसे बातें आसानी से आती थीं। बहस उसे रोमांचक लगती थी। उसे। प्रशंसा खिलाया उसे। यहां तक की जैसा ए बच्चा, वह की खोज की वह बुद्धि प्रशंसा अर्जित कर सकता है - और प्रशंसा शून्यता को छुपा सकती है।

अभी तक साथ-साथ उसका अकादमिक सफलता दौड़ा ए बढ़ते हुए भूख के लिए ऑगस्टीन ने जल्दी ही सीख लिया कि जो वो चाहते हैं, उसे सिर्फ़ इसलिए कैसे लेना है क्योंकि वो उसे चाहते हैं। उनके शुरुआती कबूलनामों में से एक—हैरानी की बात है कि ईमानदार—अज्ञानता के बारे में नहीं था, बल्कि *गलत कामों का मज़ा लेने के बारे में था*

।

एक बार उसने फल चुराया—इसलिए नहीं कि वह भूखा था, बल्कि इसलिए कि ऐसा करना मना था।

क्यों करता है इंसान दिल इच्छा क्या यह जानता है है गलत? क्यों
करता है आनंद अक्सर अनुभव करना अधिक ठोस बजाय सच? ये
पुराने सवाल नहीं हैं।
वे हैं इंसान वाले.

ए ईश्वर कौन था उपस्थित लेकिन अनिष्ट

ऑगस्टीन ईसाई धर्म से जल्दी परिचित हो गए थे। उन्हें ईसाई धर्म का नाम पता था। का मसीह. वह सम्मानित धर्मग्रंथ. वह यहां तक की प्रशंसा की ईसाई नैतिकता से एक दूरी. लेकिन प्रशंसा किया नहीं अनुवाद में समर्पण।

वह सच चाहता था—पर अधिकार नहीं ।

वांछित अर्थ—लेकिन नहीं संयम। वह ईश्वर

को चाहता था - लेकिन अभी नहीं।

इसलिए ईश्वर इंतज़ार किया.

या बल्कि—ईश्वर देखा.

और ऑगस्टीन के हर चुनाव के पीछे एक प्रार्थना थी माँ, ए मरीज़ ईश्वर, और ए बढ़ते हुए बेचैनी वह नहीं सफलता चुप करा सकता है ।

प्रश्न वह इच्छा नहीं जाना दूर

जैसे-जैसे ऑगस्टीन की ज़िंदगी आगे बढ़ी, कुछ सवाल उनका पीछा करने लगे—ऐसे सवाल जिन्होंने उनकी यात्रा को और आखिरकार चर्च को आकार दिया:

- क्यों करना हम जानना क्या है सही अभी तक चुनना क्या है गलत?
- कर सकना आस्था अस्तित्व बिना आज्ञाकारिता?
- है इच्छा दुश्मन, या है यह केवल गलत दिशा में?
- क्यों करता है ईश्वर अनुमति दें देरी में रूपांतरण?
- कर सकना बुद्धि बनना ए रुकावट को समर्पण?
- करता है ईश्वर पाने की कोशिश करना हम यहां तक की कब हम प्रतिरोध करना उसे?
- क्या ह ाेती है कब सच का सामना आनंद?

इन प्रश्न इच्छा नहीं होना उत्तर सभी पर एक बार।

दिन-ब-दिन जवाब मिलेगा , ऑगस्टीन की नाकामियों, उसके कबूलनामे के ज़रिए, उसका मोड़ अंक, और उसका अंतिम आत्मसमर्पण—पार इसके बाद 40 दिन की यात्रा

होगी।

ए ज़िंदगी अंतर्गत अवलोकन

पर यह अवस्था का उसका ज़िंदगी, अगस्टीन किया नहीं विचार करना वह स्वयं खो गया।

लेकिन स्वर्ग था पहले से चिह्नित उसे।

वह चाहेंगे बाद में लिखना वह ईश्वर था नजदीक को उसे बजाय वह था स्वयं के प्रति—उपस्थित यहां तक की कब अवहेलना करना, वफादार यहां तक की कब विरोध किया.

ऑगस्टीन की कहानी धर्म बदलने से शुरू नहीं होती। यह **खोज**

से शुरू होती है ।

और वह काम है पहले से शुरू हो गया.

प्रश्न को ढोना आगे

करना नहीं उत्तर इन अभी तक। होने देना उन्हें देर तक रुकना:

- क्या आवाज आकार आपका जल्द से जल्द इच्छाएँ?
- कहाँ किया बुद्धिमत्ता या प्रतिभा क्षमा आज्ञा का उल्लंघन?
- क्या है ईश्वर गया मरीज़ साथ में आपका ज़िंदगी?
- है आपका दिल बेचैन—और अगर इसलिए, क्यों?

इन प्रश्न इच्छा मिलो उनका जवाब जैसा यात्रा खुलता है.

अध्याय दो

सफलता का प्रलोभन और इच्छा की शिक्षा

A ऑगस्टीन सीखा जल्दी वह **सफलता सकना अनुभव करना पसंद मोक्ष** ।

जैसा वह बढ़ी, उसका प्रतिभा बन गया निर्विवाद. शिक्षकों प्रशंसा की उसके साथी उससे जलते थे। उसके सामने मौके खुल गए। एक ऐसी दुनिया में जहाँ तरक्की निर्भर पर वक्रपटुता और अनुनय, ऑगस्टीन का उपहार साथ शब्दों ने उसे अलग कर दिया।

और साथ प्रत्येक उपलब्धि आया सुदृढीकरण:

आप हैं असाधारण। आप हैं किस्मत के लिए अधिक।

लेकिन अधिक का *क्या*?

वह सवाल था कभी नहीं पूछा ज़ोर से—क्योंकि सफलता करता है नहीं पूछताछ को बुलाओ। यह मोमेंटम को इनाम देता है।

महत्वाकांक्षा जैसा ए विकल्प के लिए बुला

ऑगस्टीन की पढ़ाई उन्हें उनके होमटाउन से दूर बड़े शहरों, बड़े स्टेज और ज़ोरदार तालियों की तरफ ले गई। उन्होंने बोलने के तरीके में महारत हासिल की, अनुनय, शिल्प का उपस्थिति ढंग। वह सीखा कैसे को कदम भीड़, कैसे करें जीतना तर्क, कैसे को आवाज़ आश्वस्त करने वाला—यहां तक कि कब सच था अनिश्चित.

उन्होंने जो नहीं सीखा वह था इच्छाओं पर काबू पाना।

दुनिया ने उनके टैलेंट को इनाम दिया।

उसके दिल ने उसकी इच्छाओं को पूरा

किया। और भगवान – अभी भी सब्र

रखते हुए – देखते रहे।

है यह संभव के लिए ए उपहार को अग्रिम और तेज बजाय चरित्र? क्या सफलता बनना ए आश्रय से दृढ़ विश्वास? अगस्टीन चाहेंगे बाद में उत्तर इन प्रश्न दर्दनाक रूप से.

शांत गठन का ए विभाजित आत्मा

इन सालों में ऑगस्टीन की ज़िंदगी कई हिस्सों में बंट गई। सबके सामने, उन्होंने था अनुशासित, प्रशंसित, और आशाजनक. निजी तौर पर, वह लिप्त इच्छाएँ यह उन सभी बातों के उलट था, जिनका वह दावा करता था कि वे महत्व देते हैं।

वह किया नहीं देखना यह जैसा

पाखंड। वह इसे **सामान्य मानता**

था ।

आखिरकार, बहुत से लोग इसी तरह जीते थे—दिन में सफल, रात में ऐशो-आराम में। क्या मायने रखता था, वह माना जाता है, था अंतिम इरादा। एक दिन वह बदल जाएगा। एक दिन वह चाहेंगे होना बेहतर। एक दिन वह चाहेंगे जमा करना पूरी तरह को ईश्वर।

अभी नहीं अभी तक।

क्यों करता है "बाद में" अनुभव करना इसलिए उचित कब आज्ञाकारिता

महसूस करता महंगा? क्यों करना हम मान लीजिए समय इच्छा बनाना

समर्पण आसान?

ऑगस्टीन का देरी था नहीं विद्रोह—यह था बातचीत।

ए आस्था वह सकना इंतज़ार

अगस्टीन माना जाता है कि में ईश्वर।

वह मसीह का आदर

करता था । प्रशंसा की

धर्मग्रंथ.

लेकिन आस्था बिना आज्ञाकारिता बनाता है एक माया का सुरक्षा।

बाद में उसने कबूल किया कि उसे पाप से ज़्यादा पवित्रता का डर था —न कि पाप से। क्योंकि वह शक भगवान का अच्छाई, लेकिन क्योंकि वह शक उसका बदलने की अपनी इच्छा।

वह प्रार्थना की—लेकिन

सावधानी से। उसने सुना—

लेकिन चुनकर।

उसने बात मानने से मना कर दिया—उसे भरोसा था कि वह अभी भी

कंट्रोल में है। फिर भी कंट्रोल हमेशा टेम्परारी होता है।

इच्छा वह बन गया ए मालिक

जैसे-जैसे ऑगस्टीन की ज़िंदगी आगे बढ़ी, वैसे-वैसे उनकी ऐशो-आराम की चाहत भी बढ़ती गई। एक बार मन में इच्छा आ जाए, तो वह मांग करने लगती थी। जो पसंद के तौर पर शुरू हुआ था, वह धीरे-धीरे आदत बन गया। जो आज़ादी के तौर पर शुरू हुआ था, वह निर्भरता में बदल गया।

वह प्यार गहराई से—लेकिन नहीं

समझदारी से। उसने कमिट किया—

लेकिन पूरी तरह से नहीं।

वह इंतज़ार के लिए अंतरंगता—लेकिन विरोध जवाबदेही।

इच्छा ने संतुष्टि का वादा किया।

इसके बजाय, यह कड़ी कर दी

गई इसका पकड़।

खुशी कब हमारी सेवा करना बंद कर देती है और हम पर राज

करने लगती है? हम प्यार और लत में कैसे फर्क करते हैं?

इन थे प्रश्न अगस्टीन सकना नहीं अभी तक चेहरा।

ए माँ कौन चाहेंगे नहीं रुकना प्रार्थना करना

सभी जबकि, मोनिका प्रार्थना की.

उसने निराशा के बावजूद प्रार्थना की।

प्रार्थना की के माध्यम से शर्मिंदगी।

वह प्रार्थना की के माध्यम से जनता सफलता और निजी असफलता।

उसने अपने बेटे को रुतबे में ऊपर उठते और चरित्र में गिरते देखा—और उसने यह मानना बंद करने से इनकार कर दिया कि भगवान अभी भी लिख रहे थे।

किसी ऐसे व्यक्ति के लिए मध्यस्थता करने का क्या मतलब है जो सफल दिखता है लेकिन आध्यात्मिक रूप से बहता हुआ?

जब कोई बदलाव नहीं दिखता तो प्रार्थना कैसे काम करती है?

मोनिका को इसका जवाब नहीं पता था।

वह भरोसा लेखक।

ए ज़िंदगी चलती आगे—और अंदर ही अंदर रुकना

बाहरी तौर पर, अगस्टीन था आगे बढ़ रहा है।

अंदर से, वह था अटक गया।

उसका दिमाग दौड़ आगे का उसका दिल। उसका प्रतिष्ठा से आगे निकल गया उसका आज्ञाकारिता।

उसका भविष्य देखा उज्ज्वल—फिर भी उसका आत्मा अनुभव किया तेजी मंद।

और कामयाबी के शोर के नीचे बेचैनी लौट आई । जोर से।
लगातार।
ए सवाल शुरू किया को सतह—शांत लेकिन अथक:
है यह सभी वहाँ है?

प्रश्न वह इच्छा आकार आगे का सफ़र

करना नहीं जल्दबाज़ी करना को उत्तर इन:

- कर सकना महत्वाकांक्षा एक समय में होना साथ समर्पण?
- पर क्या बिंदु करता है देरी बनना आज्ञा का उल्लंघन?
- जब दिल से समझौता हो जाता है, तो भगवान सफलता को जारी रखने की अनुमति क्यों देते हैं?
- है इच्छा बुराई, या केवल अनुशासनहीन?
- कैसे लंबा इच्छा ईश्वर इंतज़ार पहले वह हस्तक्षेप करता है?

इन प्रश्न इच्छा अनुसरण करना ऑगस्टीन—और वे इच्छा अनुसरण करना हमें—में अगला अध्यायों.

क्या है आ रहा अगला

अगस्टीन है के बारे में को सामना करना:

- ए आस्था प्रणाली वह महसूस करता बौद्धिक बेहतर
- ए दर्शन वह वादे स्पष्टता बिना पछतावा
- ए संस्करण का आस्था वह निकालता है असहजता का आज्ञाकारिता

और वह इच्छा अपनाना यह।

नहीं क्योंकि यह है सच है—लेकिन क्योंकि यह है सुविधाजनक।

प्रश्न को ढोना आगे

- कहाँ है सफलता संवेदनाशून्य आपका समझ का तात्कालिकता की ओर ईश्वर?
- क्या आज्ञाकारिता पास होना आप स्थगित क्योंकि "बाद में" ज़्यादा सुरक्षित महसूस होता है ?
- कौन है प्रार्थना करना के लिए आप और हैं आप सुनना?

कहानी जारी है।

अध्याय तीन

ए धर्म वह खुश मन और हृदय को क्षमा किया

A ऑगस्टीन किया नहीं छोड़ देना ईश्वर।
वह **नए सिरे से परिभाषित उसे** ।

एक समय जब महत्वाकांक्षा पूरी नहीं हुई थी और खुशी नहीं मिली थी, ऑगस्टीन ने एक ऐसे विश्वास सिस्टम की ओर रुख किया जो कुछ बहुत आकर्षक वादा करता था: *सच बिना परिवर्तन*.

यह किया नहीं माँग पछतावा।
इसने इच्छा का सामना नहीं
किया।
यह किया नहीं पुकारना के लिए
सरेंडर। यह समझदारी भरा
लगा।
यह अनुभव किया उचित।
और यह अनुमत उसे को अवशेष में कंट्रोल।
इसलिए ऑगस्टीन ने इसे अपना लिया।

कब आस्था बन जाता है ए छिपना जगह

उससे बुराई की समस्या को समझाने का दावा किया गया ए रास्ता वह चिंतामुक्त निजी ज़िम्मेदारी। गलत था नहीं अब पछताने की बात थी—यह समझाने की बात थी। नाकामी अब नैतिक नहीं थी—यह आध्यात्मिक थी।

इस फ्रेमवर्क में, ऑगस्टीन अभी भी रोशनी और अंधेरे, सच्चाई के बारे में बात कर सकते थे। और गलती, अच्छा और बुराई—बिना भिड़ने उसका अपना इच्छा।

इसने उसे बिना किसी अधिकार के भाषा दी।

बिना आज्ञाकारिता के समझ दी।

धर्म बिना पश्चाताप।

क्यों हैं आस्था प्रणाली अधिकांश आकर्षक कब वे रक्षा करना हम से परिवर्तन?

हम कितनी बार ऐसे विचारों की ओर आकर्षित होते हैं जो हमारी आदतों को अछूता छोड़ दे हैं? ऑगस्टीन को राहत महसूस हुई।

लेकिन राहत है नहीं वही जैसा स्वतंत्रता।

बौद्धिक श्रेष्ठता बिना अंतर्मन की शांति

अपने बचपन के साधारण विश्वास से *बेहतर* कुछ मिल गया है —कुछ ज़्यादा बेहतर, ज़्यादा तर्कसंगत, ज़्यादा उन्नत।

वह बहस उन्होंने पूरे
आत्मविश्वास के साथ दूसरों
को सिखाया।
वह अनुभव किया प्रबुद्ध.
अभी तक भीतर से, बेचैनी कायम रहा.

मान्यताएं वह गले लगा लिया सकना उत्तर प्रश्न के बारे में ब्रह्मांड, लेकिन वे उसके अंदर की आवाज़ को शांत नहीं कर सके। वे बुराई को समझा सकते थे, लेकिन वे नहीं ठीक होना इच्छा। वे सकना वर्णन करना सच, लेकिन वे सकना नहीं बदलाव पैदा करें ।

समझ हमेशा बदलती क्यों नहीं है? स्पष्टता कैद के
साथ क्यों रह सकती है?
अगस्टीन शुरू किया को समझ विरोधाभास—लेकिन विरोध नामकरण यह।

लागत का ए आस्था वह मांगों कुछ नहीं

ऊपर समय, दरारें दिखाई दिया।

नेताओं अगस्टीन प्रशंसा की सकना नहीं उत्तर और गहरा प्रश्न उन्होंने पूछा। जांच के दौरान उनका कॉन्फिडेंस कमज़ोर हो गया। उनकी बातें असरदार लग रही थीं। लेकिन ढह कब दबाया.

सबसे ज़्यादा परेशान करने वाली बात यह है कि जिस सिस्टम ने आज़ादी का वादा किया था, उसने उसे आज़ाद नहीं बनाया था। मुक्त।

उसका आदतें बना रहा।

उसका आंतरिक टकराव उनकी

इच्छाशक्ति बँटी हुई थी ।

और धीरे से, अगस्टीन समझना कुछ बेचैन करने वाला:

एक विश्वास प्रणाली जो कभी इच्छा को चुनौती नहीं देती, वह अंततः उसकी रक्षा करेगी । यह संभव के लिए धर्म को बनना ए शरण के लिए आज्ञा का उल्लंघन?

कर सकना आस्था बनना ए रास्ता का टाल ईश्वर की अपेक्षा बजाय का सामना उसे?

ए माँ का आस्था और ए बेटे का प्रतिरोध

लगातार इन साल, मोनिका देखा.

वह किया नहीं बहस उसकी बेटे का दर्शनशास्त्र।

वह प्रार्थना की.

वह रोने लगा ऊपर उसका घमंड।

उसे भगवान के समय पर भरोसा

था।

वह था आगाह द्वारा गिरजाघर नेताओं नहीं को बहस साथ उसे लेकिन को अनुमति दें भगवान काम करे। और इसलिए वह इंतज़ार करती रही—दुखी, उम्मीद, विश्वास करते हुए कि जिस भगवान ने उसे बनाया था उसकी बेटा चाहेंगे नहीं छोड़ देना उसे को अर्धसत्य।

क्या करता है आस्था देखना पसंद कब जवाब हैं देरी कैसे

हुई? करता है हिमायत दृढ़ रहना कब परिवर्तन है धीमा?

मोनिका को वह बात समझ में आ गई जो ऑगस्टीन अभी तक

मान नहीं पाए थे: भगवान को रास्ते बदलने से कोई खतरा नहीं

था।

धीमा विघटन का झूठी निश्चितता

अंततः, आस्था प्रणाली अगस्टीन भरोसा शुरू किया को समझ के वादे अब पूरे नहीं होते। जिन नेताओं की वह तारीफ़ करते थे, वे निराश करते थे। उसे। स्पष्टीकरण वह एक बार प्रभावित उसे अनुभव किया पतला।

यह थी कि खालीपन वापस आ गया। नाटकीय

रूप से.

लगातार।

ऑगस्टीन अपनी शरण से बाहर निकल

चुका था। सच्चाई उसके करीब आने लगी

थी।

प्रश्न वह शुरू को जलाना

करना नहीं उत्तर इन अभी तक:

- आपने किन मान्यताओं को अपनाया है क्योंकि उनमें बहुत कम बदलाव की ज़रूरत थी?
- कहाँ है ज्ञान जगह ले ली आज्ञाकारिता?
- पास होना आप कभी इस्तेमाल किया गया धर्मशास्त्र को औचित्य देरी?
- क्या ह ाेती है कब प्रणाली हम विश्वास शुरू को असफल?

इन प्रश्न इच्छा नहीं छुट्टी अगस्टीन अकेला।

वे इच्छा गाड़ी चलाना उसे की ओर ए आमना-सामना वह नही सकता टालना।

क्या है आ रहा अगला

अगस्टीन है के बारे में को सामना करना:

- ए रूप का ईसाई धर्म वह संलग्न दिमाग बिना बहाना बनाना दिल

- शिक्षकों कौन मिलाना विनम्रता साथ बुद्धिमत्ता
- ए सच वह नहीं अब अनुमति देता है उसे को छिपाना पीछे तर्क और

कब सच बन जाता है अपरिहार्य, कुछ अवश्य देना।

प्रश्न को ढोना आगे

- है आपका आस्था भिड़ने आप—या आराम देते आप?
- क्या चाहेंगे आज्ञाकारिता लागत आप सही अब?
- अगर ईश्वर पूछा के लिए सब कुछ, चाहेंगे आप देरी—या उपज?

यात्रा जारी है।

अध्याय चार

जब सत्य निकट आता है और इच्छाशक्ति विरोध करती है

B य समय अगस्टीन पहुँच गया यह मौसम का उसका ज़िंदगी, **अज्ञान था अब कोई विकल्प नहीं है** ।

आस्था प्रणाली वह एक बार परिरक्षित उसे था ढह गया. उनका आत्मविश्वास की पेशकश की था घिस गया. स्पष्टीकरण वह एक बार प्रभावित उसे अब खोखलापन महसूस हुआ। जो बचा वो एक ऐसा आदमी था जो सामने आ गया था—समझदार, कामयाब, इज्ज़तदार, और अंदर से उलझन में था।

सच था नहीं अधिक दूर।

यह था **पास में पर्याप्त को माँग ए जवाब** . और

उस नज़दीकी ने उसे बेचैन कर दिया.

कब बहाने खोना उनका शक्ति

ऑगस्टीन हमेशा से मानते थे कि विरोध अनिश्चितता से आता है। अगर सच काफी साफ हो जाता, तो उन्हें लगता था कि बात मानना अपने आप हो जाएगा।

लेकिन अब स्पष्टता था पहुँच गए—और आज्ञाकारिता था नहीं।

वह समझा ईसाई धर्म बेहतर बजाय कभी पहले। वह सकना स्पष्टवादी इसके दावे। वह सकना रक्षा करना इसका सुसंगति। वह सकना यहां तक की प्रशंसा करना इसका सुंदरता।

फिर भी तारीफ़ से हार नहीं मानी। क्यों? करता है

समझ असफल को कदम इच्छा?

जब सच सच साबित होने लगता है तो वह डरावना क्यों हो जाता है?

ऑगस्टीन को कुछ दर्दनाक बात पता चल रही थी:
बाधा था नहीं यह समज लो था दिल।

उद्भव का ए विभाजित इच्छा

ऑगस्टीन के अंदर, दो इच्छाएँ खुलकर लड़ रही थीं। एक इच्छित
परमेश्वर—पवित्रता, पूर्णता, आराम, सच। दूसरा मनचाहा
कंट्रोल—खुशी, जान-पहचान, देरी। वह वांछित स्वतंत्रता,
लेकिन नहीं पर लागत का परिवर्तन।

वह शांति चाहता था, लेकिन अनुशासन की कीमत पर
नहीं। वह ईश्वर चाहता था, लेकिन अभी पूरी तरह से
नहीं।

यह विभाजन थका हुआ उसे।

वह बाद में बताया गया है यह जैसा प्राणी खींचा में विलोम दिशा-निर्देश द्वारा ट
वसीयतें—एक बढ़ते हुए की ओर ईश्वर, अन्य पकड़ को आदत।

आत्मा उस चीज़ का विरोध क्यों करती है जिसे वह जानती है
कि वह उसे ठीक कर देगी? कैद कभी-कभी आज़ादी से ज़्यादा
सुरक्षित क्यों लगती है?

ए आस्था वह अब अनुभव किया अनिवार्य

ईसाई धर्म अब बचपन की याद या नैतिक विकल्प नहीं रह गया था। यह ऑगस्टीन के सामने सच्चाई की एक पूरी तस्वीर के रूप में था—एक ऐसी नज़र जो न सिर्फ़ दुनिया को समझाती थी, बल्कि उनके अंदर के संघर्ष को भी समझाती थी।

इसने पाप का नाम अज्ञानता नहीं, बल्कि अव्यवस्थित प्रेम रखा ।
नाम अनुग्रह—नहीं जैसा जानकारी, लेकिन जैसा शक्ति।
यह नाम आत्मसमर्पण—नहीं जैसा नुकसान, लेकिन
जैसा ज़िंदगी. और यही समस्या थी.

ईसाई धर्म किया नहीं अनुमति दें अगस्टीन को अवशेष बँटा
हुआ। इसने उससे सब कुछ माँगा।

प्रार्थना वह दिखाया गया सब कुछ

अपनी ज़िंदगी के सबसे ईमानदार पलों में से एक में, ऑगस्टीन ने एक ऐसी प्रार्थना की जिससे उनके अंदर का तनाव सामने आ गया।

उसने भगवान से पवित्रता मांगी।

पूछा ईश्वर के लिए परम पूज्य।

उन्होंने भगवान से बदलाव के लिए प्रार्थना

की। फिर उन्होंने एक शर्त भी जोड़ दी।

नहीं अभी तक।

यह था नहीं उपहास।

यह था डर।

वह माना जाता है कि ईश्वर सकना परिवर्तन उसे।

वह था नहीं ज़रूर वह वांछित को होना बदल गया.

कैसे अनेक प्रार्थना आवाज़ पवित्र लेकिन छिपाना

हिचकिचाहट? कैसे अक्सर करना हम पूछना ईश्वर को धीरे-

धीरे कार्य करें, सुरक्षित रूप से, बाद में? ऑगस्टीन का प्रार्थना

दिखाया गया क्या देरी सही मायने में है:

नहीं भ्रम, लेकिन अनिच्छा।

भगवान का रणनीति: दबाव बिना बल

ईश्वर किया नहीं ओवरराइड ऑगस्टीन का इच्छा।

इसके बजाय, उसने अंदरूनी लड़ाई को और

बढ़ा दिया । बेचैनी बढ़ी तेज.

सुख सुस्त.

distractions कमज़ोर हो गया.

ईश्वर निकाला गया आराम से देरी बिना को हटाने ऑगस्टीन की आज़ादी।

भगवान तुरंत बचाव के बजाय टेंशन क्यों होने देते हैं? क्या होगा अगर

अशांति उनकी दया का हिस्सा है?

अगस्टीन था प्राणी कोने में फंसा हुआ—नहीं द्वारा धमकी, लेकिन द्वारा सच।

ए ज़िंदगी बिना छिपना स्थानों

के लिए पहला समय, अगस्टीन समझना वह था कहीं नहीं बाएं को पीछे हटना।

दर्शन था असफल उसे।

धर्म बिना पछतावा था निराश सफलता ने उसे संतुष्ट नहीं

किया था।

देरी था नहीं संरक्षित उसे।

सभी वह जस था ए सवाल वह सकना नहीं अब टालना:

इच्छा आप

उपज?

नहीं अंततः।

नहीं किसी दिन.

अब।
और अगस्टीन कांप उठा.

प्रश्न वह अवश्य होना ले जाया गया आगे

करना नहीं संकल्प इन अभी तक:

- क्या सत्य हैं आप कायल का लेकिन फिर भी विरोध?
- कहाँ है स्पष्टता बढ़ा हुआ लेकिन साहस नहीं पालन किया?
- क्या चाहेंगे भरा हुआ आज्ञाकारिता लागत आप?
- हैं आप देरी क्योंकि आप संदेह ईश्वर या क्योंकि आप बदलाव से डर ?

इन प्रश्न इच्छा नहीं छुट्टी अगस्टीन अकेला।

वे हैं ड्राइविंग उसे की ओर ए पल वह इच्छा तोड़ना गतिरोध।

क्या है आ रहा अगला

अगस्टीन है आ ए संकट—नहीं का आस्था, लेकिन का इच्छा।

जल्द ही:

- आंतरिक युद्ध इच्छा पहुँचना इसका चोटी
- ईश्वर इच्छा रुकावट डालना उसका प्रतिरोध
- इंजील इच्छा सामना होना उसे सीधे
- ए आवाज़ इच्छा पुकारना उसे को चुनना

अगला अध्याय इच्छा निशान **गिर जाना का देरी** ।

अध्याय पाँच

इसे पढ़ें: जब विरोध खत्म हो गया

A ऑगस्टीन था पहुँच गया अंत का देरी।
नहीं क्योंकि उसका प्रशन थे उत्तर दिया, लेकिन
क्योंकि उसका बहाने थे थका हुआ।

उसके अंदर की लड़ाई बर्दाश्त के बाहर हो गई थी। एक तरफ से सच दबा रहा था। दूसरी तरफ से आदत खींच रही थी। जानने के बोझ तले उसकी इच्छाशक्ति टूट गई थी। क्या को करना और प्राणी असमर्थ को करना यह।

वह किया नहीं अनुभव करना बहादुरी भरा. उसे लगा कि वह **बेपर्दा हो गया है** .

युद्ध अंदर आत्मा

ऑगस्टीन एक बगीचे में चला गया—शांति से प्रार्थना करने नहीं, बल्कि खुद से ज़ोर-ज़ोर से लड़ने। उसकी भावनाएँ उमड़ पड़ीं। उसके विचार तेज़ी से दौड़ने लगे। उसका दिल फट गया ।

वह भगवान को चाहता था । वांछित परिवर्तन।

वह वांछित आज़ादी तो थी,

लेकिन उसे खोने का डर

भी था।

वह रोया—पश्चाताप के आँसू नहीं, बल्कि थकान के आँसू । का विभाजन था पहुँच गया इसका सीमा. वह सकना नहीं अब बहाना करना वह देरी हुई बुद्धि। वह सकना नहीं अब बहाना करना वह प्रतिरोध था सुरक्षा।

सरेंडर ज़िंदगी जैसा लगने से पहले मौत जैसा क्यों लगता है? क्यों

करता है आज्ञाकारिता ख़ौफ़ में डालना हम कब यह वादे

उपचारात्मक?

अगस्टीन रोया बाहर—नहीं साथ पॉलिश प्रार्थना, लेकिन साथ कच्चा हताशा।

पल ईश्वर बाधित

में बीच का उसका उथल-पुथल, कुछ अप्रत्याशित घटित।

अगस्टीन सुना ए आवाज़.

नहीं गड़गड़ाहट।

नहीं सिद्धांत।

नहीं तर्क।

ए सरल आवाज़—जैसी वह का ए बच्चे को पुकारना बाहर बार-बार:

"लेना और पढ़ना। लेना और पढ़ना।"

पर पहला, वह जम गया.

वह सकना नहीं याद करना कोई बच्चे खेलना आस-पास। आवाज़ किया नहीं खुद को समझाओ। इसने बहस नहीं की। इसने राज़ी नहीं किया।

यह आज्ञा दी.

भगवान कभी-कभी बिना वजह क्यों बोलते हैं? क्या होता है जब

सच में कोई बात नहीं होती?

अगस्टीन रुक गया रोना. वह खड़ा हुआ। वह गया को कहाँ शास्त्र थे रखा।

कब शास्त्र बन जाता है ए निर्णय

वह खुला पुस्तक—नहीं बेतरतीब, लेकिन तत्काल।

उसका आँखें गिरा ऊपर शब्द वह अनुभव किया कम पसंद अनुदेश और अधिक जै निर्णय - निंदा नहीं, बल्कि स्पष्टता।

रास्ता बोला सीधे को उसका स्थिति। यह नाम उसका संघर्ष। इसने उजागर किया उसका देरी। यह सामना उसका आदतें. यह की पेशकश की नहीं समझौता।

और में वह पल, कुछ अंदर उसे टूट गया। नहीं धीरे-धीरे।

नहीं विनम्रता

से. पूरी तरह

से.

बँटी हुई इच्छाशक्ति टूट गई। विरोध की पकड़ ढीली पड़ गई। लंबी लड़ाई खत्म हो गई—इसलिए नहीं कि ऑगस्टीन आखिरकार मज़बूत हो गया, बल्कि इसलिए कि **कृपा जीत गई। उसका कमजोरी** ।

क्या होता है जब परमेश्वर का वचन जानकारी देना बंद कर देता है और बदलना शुरू कर देता है?

क्यों करता है इंजील हड़ताल गहरी कब दिल है तैयार को उपज?

अंत का "नहीं अभी तक"

अगस्टीन किया नहीं अनुभव करना आतिशबाजी।

वह अनुभव किया मुक्त करना।

तनाव वह था सताया उसे भंग। चेन वह आशंका को हार का डर दूर हो गया। जिस आज्ञाकारिता से वह डरता था, वह संभव हो गई—प्रयास से नहीं, बल्कि समर्पण।

वह किया नहीं बहस अब और

नहीं। वह किया नहीं देरी अब

और।

वह किया नहीं मोल-भाव करना अब

और नहीं। वह उपज.

और झुकने पर उसे वह मिल गया जिसका वह हमेशा से पीछा कर रहा था:

आराम।

कब अनुग्रह अंत में है पहुँच

ऑगस्टीन ने बाद में इस पल को नुकसान नहीं, बल्कि रोशनी बताया। यह था जैसा यद्यपि रोशनी बाढ़ आ गई ए अन्धेरा कमरा—नहीं धीरे-धीरे, लेकिन तुरन्त।

उसका इच्छाएँ फिर से

व्यवस्थित। उसकी इच्छा

एक सीध में।

उसका दिल विश्राम किया.

ग्रेस ने उसे सिर्फ़ माफ़ ही नहीं किया।

बल्कि उसे **आज़ाद भी कर दिया ।**

कृपा को कृपा जैसा महसूस होने से पहले समर्पण की ज़रूरत क्यों

होती है? भगवान तब तक इंतज़ार क्यों करते हैं जब तक इच्छा पूरी

न हो जाए?

इन जवाब चाहेंगे उधेड़ना में ऑगस्टीन का जीवन लेकिन फ़ैसला था अंतिम।

प्रश्न वह निशान मोड़ बिंदु

बैठना साथ इनः

- क्या है ईश्वर की मांग कर रहा आप को रुकना देरी हो रही है?
- क्या "नहीं अभी तक" है बनना आज्ञा का उल्लंघन?
- क्या चाहेंगे गिर जाना में आपका ज़िंदगी अगर आप झुकेंगे पूरी तरह से?
- हैं आप इच्छुक को आज्ञा का पालन करना बिना समझ सब कुछ?

अगस्टीन किया नहीं समझना सब कुछ. वह
आज्ञा का पालन किया.

क्या है आ रहा अगला

परिवर्तन था नहीं अंत का ऑगस्टीन का यात्रा।
यह था शुरुआत काः

- त्याग
- जनता आज्ञाकारिता
- महंगा विनम्रता
- जिंदगी भर गठन

अगला अध्याय इच्छा दिखाओ हम क्या ह ाेती है **बाद समर्पण** , कब अनुग्रह शुरू होता है को आकृति बदलें ए ज़िंदगी में जनता देखना।

अध्याय छह

दफ़नाया और उठाया गया: संकट के बाद आज्ञाकारिता

S आत्मसमर्पण समाप्त युद्ध।
लेकिन यह शुरू किया काम।

ऑगस्टीन अगली सुबह पूरी तरह से ठीक होकर नहीं उठे। ग्रेस ने फिर से ऑर्डर दिया था उसका दिल, लेकिन उसका ज़िंदगी फिर भी आवश्यकता है को होना पुनर्गठित। चेन गिर गया था, अभी तक आदतें था को होना अशिक्षित. इच्छा था उपज, लेकिन अब आज्ञाकारिता को जीना था।

परिवर्तन था नहीं एक भावनात्मक शिखर—यह था ए **दिशात्मक परिवर्तन** ।

शांत बाद आंधी

बगीचे में संकट के बाद, ऑगस्टीन ने कुछ अनजान अनुभव किया: मौन। नहीं खालीपन, लेकिन शांति। नहीं भ्रम, लेकिन स्पष्टता. आवाज़ वह था एक बार तर्क दिया अंदर उसे नहीं अब प्रतिस्पर्धा की.

यह शांत था नहीं नाज़ुक। यह
लंगर डाला गया था।
अभी तक शांति किया नहीं मिटा ज़िम्मेदारी।
परमेश्वर काम सौंपने से पहले भरोसा क्यों देता है? दोबारा
व्यवस्था करने से पहले आराम क्यों मिलता है?

ऑगस्टीन को जल्द ही पता चल गया कि अनुग्रह परिवर्तन को जल्दबाजी में नहीं लाता - यह **उसे जड़ प्रदान करता है** ।

त्याग पहले प्रतिष्ठा

एक का ऑगस्टीन का पहला अधिनियमों का आज्ञाकारिता था नहीं जनता उपदेश देना, लेकिन निजी त्याग। वह उन महत्वाकांक्षाओं से दूर हो गए जो कभी परिभाषित करती थीं उसे। वह ढीला उसका पकड़ पर रिश्तों वह सकना नहीं एक समय में होना अपनी नई निष्ठा के साथ ।

ये छोटे फ़ैसले नहीं थे। ये महंगे थे, जिन्हें बदला नहीं जा सकता था, और जिन्हें गलत समझा गया था।

वह किया नहीं औचित्य वह

खुद किया नहीं व्याख्या करना

वह खुद आज्ञा का पालन

किया.

कैसी दिखती है? करना हम होने देना जाना का फ्यूचर्स हम

एक बार योजना बनाई?

अगस्टीन चुना भक्ति ऊपर परिचितता।

दफ़नाया गया और उठाया

बपतिस्मा अनुसरण किया गया—नहीं जैसा धार्मिक संस्कार, लेकिन जैसा घोषणा। यह चिह्नित सार्वजनिक दफ़नाना का पुराना ज़िंदगी और उद्भव का ए नया एक।

अगस्टीन किया नहीं इलाज बपतिस्मा जैसा प्रतीकों अकेला। वह समझा यह भागीदारी के रूप में - मसीह के साथ मृत्यु, मसीह में जीवन और मसीह के प्रति जवाबदेही।

वह था नहीं अब उसका अपना।

क्यों करता है आज्ञाकारिता अक्सर ज़रूरत होना जनता गवाह?

क्या ह ाेती है कब आस्था चाल से निजी दृढ़ विश्वास को साफ़ कमिटमेंट?

ऑगस्टीन के बपतिस्मा से उनका बदलाव पूरा नहीं हुआ ।

अनावृत यह को दुनिया ।

ए नया संबंध साथ इच्छा

ग्रेस ने ऑगस्टीन की इच्छा की क्षमता को मिटाया नहीं था। इसने उसे दूसरी दिशा में मोड़ दिया था। यह।

जहां पहले इच्छा उस पर राज करती थी, अब वह ऊंचे प्यार की सेवा करती थी। जहां पहले खुशी हावी थी, वहां मकसद सामने आया। जहां पहले आदत कंट्रोल करती थी, वहां डिसिप्लिन बनने लगा।

यह तुरंत परफ़ेक्शन नहीं था। यह
रीऑर्डर किया हुआ प्यार था।
क्यों करता है ईश्वर परिवर्तन इच्छा की अपेक्षा बजाय नष्ट करना यह?
प्यार का सही क्रम है ?
इन प्रश्न चाहेंगे परिभाषित करना ऑगस्टीन का धर्मशास्त्र—और उसका ज़िंदगी।

आज्ञाकारिता बिना ए रोडमैप

अगस्टीन किया नहीं अभी तक जानना क्या उसका भविष्य आयोजित। वह किया नहीं वह जानता था कि वह एक बिशप, एक धर्मशास्त्री, पीढ़ियों का शिक्षक बनेगा। वह केवल इतना जानता था कि वह ईश्वर का है।

और वह था पर्याप्त।
क्यों करता है ईश्वर प्रकट करना दिशा केवल बाद समर्पण?
स्पष्टता अक्सर आज्ञाकारिता के बाद क्यों आती है, उससे पहले क्यों
नहीं? ऑगस्टीन ने वह सीखा जो सभी शिष्यों को सीखना चाहिए:
आज्ञाकारिता आता है पहला; समझ इस प्रकार है.

प्रश्न के लिए यात्रा आगे

करना नहीं जल्दबाज़ी करना इन:

- क्या है अनुग्रह मुक्त किया गया आप से वह फिर भी आवश्यक है अनुशासन?
- क्या महत्वाकांक्षा अवश्य होना त्याग को अनुसरण करना ईसा मसीह पूरी तरह से?
- कहाँ है ईश्वर कॉलिंग के लिए जनता आज्ञाकारिता?
- हैं आप इच्छुक को आज्ञा का पालन करना बिना जानने नतीजा?

इन प्रश्न इच्छा फिर से संगठित लगातार 40 दिन यात्रा।

क्या है आ रहा अगला

ज़िम्मेदारी की ओर बढ़ने वाली है ।
अगला अध्याय इच्छा प्रकट करना:

- ए पुकारना अगस्टीन किया नहीं तलाश
- अधिकार वह किया नहीं इच्छा
- ए भूमिका वह आवश्यक विनम्रता, नहीं महत्वाकांक्षा

अनुग्रह इच्छा अब आकार उसे नहीं अभी जैसा ए विश्वास करनेवाला, लेकिन जैसा ए **नौकर का अन्य** .

अध्याय सात

बिना पूछे बुलाया गया: जब परमेश्वर बीच में आता है हमारा योजना

A ऑगस्टीन किया नहीं पूछना को नेतृत्व करना।

उन्होंने अपनी जान दे दी थी, नाम कमाने के लिए नहीं। वह चाहते थे शांत आज्ञाकारिता, नहीं जनता ज़िम्मेदारी। बाद साल का महत्वाकांक्षा, वह तरस रहा था के लिए छिपाव—के लिए सीखना, के लिए अनुशासन, के लिए ए आस्था अभ्यास से दूर तालियाँ.

लेकिन ईश्वर था अन्य योजनाएँ।

और वे पहुँचा बिना परामर्श।

कब ईश्वर कॉल क्या हम किया नहीं प्रस्ताव

अगस्टीन अभिप्रेत को रहना ए ज़िंदगी का विचारमग्न भक्ति। वह उन्होंने समाज, धर्मग्रंथ, प्रार्थना और अनुशासन में रहकर सोचने की कोशिश की। वह धीरे-धीरे, अकेले में, ईमानदारी से आगे बढ़ने में खुश थे।

तब गिरजाघर ध्यान दिया उसे।

उसकी पिछली प्रतिभा को नहीं।

नहीं उसका पूर्व महत्वाकांक्षा।

लेकिन वज़न का अनुग्रह अब आराम पर उसे।

उम्मीद और ज़रूरत से घिरे विश्वासियों की एक सभा में, ऑगस्टीन को सबके सामने मिनिस्ट्री में बुलाया गया। यह बुलावा अचानक आया था। वह पल बहुत बड़ा था।

ज़िम्मेदारी था अपरिहार्य।

क्यों करता है ईश्वर अक्सर पुकारना हम कहाँ हम अनुभव करना कम से कम तैयार? क्यों करता है वह सौंपना अधिकार को वे कौन करना नहीं तलाश यह? ऑगस्टीन विरोध किया—नहीं बाहर का विद्रोह, लेकिन बाहर का डर।

विनम्रता वह आता है बाद समर्पण

यह बुला किया नहीं चापलूसी करने वाला ऑगस्टीन.

यह भीगी बिल्ली उसे।

वह रोने लगा खुले तौर पर—नहीं से असत्य नम्रता, लेकिन से ए गहरा जागरूकता कमज़ोरी की। वह समझते थे कि लीडरशिप के लिए क्या चाहिए। वह गाइड करने की कीमत जानते थे आत्माओं कब किसी का अपना आत्मा था केवल हाल ही में गया ठीक हो गया.

अभी तक पुकारना बना रहा।

भगवान ऑगस्टीन से अपनी ताकत पर भरोसा करने के लिए नहीं कह रहे थे। वह उनसे कृपा पर भरोसा करने के लिए कह रहे थे।

क्या अगर अनिच्छा है नहीं ए अयोग्यता, लेकिन तैयारी? क्या अगर डर का पता चलता है गंभीरता की अपेक्षा बजाय असफलता?

ए नया दयालु का अधिकार

ऑगस्टीन का अधिकार किया नहीं आना से आत्मविश्वास।

यह आया से स्वीकारोक्ति।

उंन्होंने ऐसे नेतृत्व नहीं किया जिसने प्रलोभन पर काबू पा लिया था, बल्कि ऐसे किया जिसने गया बचाया से यह। वह किया नहीं पढ़ाना जैसा एक ऊपर संघर्ष, लेकिन जैसा जो इससे परिचित है।

उसका अतीत—एक बार ए स्रोत का शर्मिंदगी बन गई ए औजार का मंत्रालय। क्यों करता है ईश्वर पुनः उपयोग क्या हम इच्छा वह चाहेंगे मिटाएँ?

कैसे करता है अनुग्रह परिवर्तन घाव में बुद्धि?

अगस्टीन सीखा वह नेतृत्व में मसीह का साम्राज्य है नहीं ऊंचाई—यह है खुलासा।

मौत का स्व- निर्देशन

स्वीकार करना पुकारना मतलब आत्मसमर्पण नियंत्रण दोबारा।

ऑगस्टीन का समय था नहीं अब उसका अपना। उसका शब्द ले जाया गया वज़न। उसका जीवन बन गया दृश्यमान। उसका आज्ञाकारिता अब प्रभावित अन्य।

यह वह आज़ादी नहीं थी जिसकी उसने कभी

कल्पना की थी। यह उससे कहीं ज़्यादा गहरी थी।

दूसरों की ज़िंदगी पर असर पड़ने लगता है? हम इच्छुक को होना

जिम्मेदार के लिए फल हम भालू?

अनुग्रह था नहीं केवल बचाया ऑगस्टीन—यह था अधीनस्थ सैन्य उसे।

लागत का प्राणी पढ़ना द्वारा सभी

जैसा अगस्टीन कदम रखा में जनता मंत्रालय, वह बन गया क्या धर्मग्रंथ में बताया गया है: ए जीविका पत्र, ज्ञात और पढ़ना द्वारा सभी।

उनका आचरण मायने

रखता था। उनकी शिक्षा

मायने रखती थी । पछतावा

मायने रखता था.

वहाँ था नहीं वापस करना को गुमनामी।

क्यों करता है ईश्वर अनावृत करना क्या वह छुड़ाता है?

क्यों करता है नेतृत्व ज़रूरत होना दृश्यता की अपेक्षा बजाय गोपनीयता?

अगस्टीन शुरू किया को समझना वह ईश्वर लिखते हैं उसका स्पष्ट संदेशों आत्मसमर्पण करने पर ज़िंदगियाँ।

प्रश्न के लिए सड़क आगे

बैठना साथ इन:

- कहाँ हो सकता है ईश्वर होना कॉलिंग आप आगे आपका आराम?
- क्या जिम्मेदारियां पास होना आप विरोध क्योंकि का डर?
- हैं आप इच्छुक को सेवा करना कहाँ आप किया नहीं योजना?
- कैसे हो सकता है आपका अतीत बनना ए प्लैटफ़ॉर्म के लिए अनुग्रह?

इन प्रश्न इच्छा गहरा जैसा ऑगस्टीन का प्रभाव बढ़ता है.

क्या है आ रहा अगला

ऑगस्टीन का ज़िंदगी है के बारे में को बढ़ाना आगे स्थानीय मंत्रालय में स्थायी प्रभाव।

अगला अध्याय इच्छा अन्वेषण करना:

- वज़न का आध्यात्मिक अधिकार
- खतरा का गर्व बाद कॉलिंग
- अनुशासन आवश्यक को अवशेष विनम्र जबकि प्रभावशाली

अनुग्रह इच्छा अब आकार अगस्टीन नहीं केवल जैसा ए नौकर—लेकिन जैसा ए **चरवाहा** .

अध्याय आठ

वज़न का प्रभाव और यह अनुशासन का विनम्रता

I प्रभाव पहुँचा चुपचाप.

वहाँ थे नहीं तुरहियां।

नहीं अचानक प्रसिद्धि।

नहीं नाटकीय ऊंचाई।

लेकिन अगस्टीन अनुभव किया बदलाव।

लोग अब अलग तरह से सुनते थे। वे ज़्यादा ध्यान से देखते थे। वे उसकी बातें दोहराते थे। वे उससे सलाह लेते थे। उसकी निजी सोच अब पब्लिक रेफरेंस पॉइंट बन रही थी।

अनुग्रह था रखा वज़न पर उसका ज़िंदगी।

और वज़न, अगर नहीं ले जाया गया ठीक ही, कर सकना कुचलना क्या यह ऊंचा करता है

कब प्रभाव परीक्षण आत्मा

अगस्टीन समझा कुछ अनेक कभी नहीं सीखना जब तक यह है बहुत देर हो गई: प्रभाव है नहीं ए पुरस्कृत करो—यह है ए ज़िम्मेदारी।

उसने कभी पहचान पाने की कोशिश की थी। अब पहचान उसके पीछे पड़ी है। और खतरा था जटिल। गर्व करता है नहीं हमेशा की घोषणा स्वयं जोर से। कभी-कभी यह काम की चीज़ के रूप में आता है।

लोगों ने उनकी समझ की तारीफ़

की। उन्होंने उनकी साफ़गोई की

तारीफ़ की। वे झुक पर उसका

नेतृत्व।

और अगस्टीन अनुभव किया प्रलोभन—नहीं को पाप खुले तौर पर, लेकिन को विश्वास खुद चुपचाप।

क्यों है गर्व अधिकांश खतरनाक बाद समर्पण?

कैसे करता है उपयोगिता बनना ए प्रजनन मैदान के लिए आत्मनिर्भरता ?

ऑगस्टीन को भोग-विलास की कीमत पता चल गई थी।

अब वह था को सीखना लागत का प्रशंसा.

दैनिक काम का प्रवास के कम

ऑगस्टीन ने यह नहीं माना कि एक बार आत्मसमर्पण करने से जीवन भर की गारंटी मिल जाती है विनम्रता। वह समझा इंसान दिल बहुत कुंआ के लिए वह।

इसलिए उन्होंने अनुशासन का

पालन किया। सज़ा के तौर

पर नहीं।

जैसा सुरक्षा।

वह रोज़ प्रार्थना करने लगता था—उपदेश तैयार करने के लिए नहीं, बल्कि दूसरों पर निर्भर रहने के लिए। वह धर्मग्रंथ पढ़ता था—सुनने वालों को इम्प्रेस करने के लिए नहीं, बल्कि खुद को सामने लाने के लिए। वह अपनी कमज़ोरियाँ कबूल करता था—नम्र दिखने के लिए नहीं, बल्कि ईमानदार रहने के लिए।

क्यों करता है आध्यात्मिक विकास ज़रूरत होना दुहराव की अपेक्षा बजाय

खुलासा? नम्रता को मानने के बजाय उसका अभ्यास क्यों करना चाहिए?

ऑगस्टीन ने लोगों के सामने पब्लिक में दिखने के लिए भगवान के सामने जानबूझकर गुमनामी को चुना।

शिक्षण से निशान, नहीं कुरसी

क्या तय करना अगस्टीन अलग था नहीं उसका प्रतिभा, लेकिन उसका ईमानदारी.

उन्होंने लालच से ऊपर उठकर नहीं सिखाया।

उन्होंने लालच से बचाए गए व्यक्ति की तरह

सिखाया।

उसका अतीत किया नहीं अयोग्य ठहराना उसे यह अनुशासित उसे। वह याद आ गई बहुत साफ़ था कि सेल्फ़-रूल से क्या होता है। उसे बहुत दर्द से याद था कि देरी की क्या

कीमत चुकानी पड़ती है।

इसलिए उन्होंने गंभीरता के साथ कृपा

सिखाई। कोमलता के साथ सच्चाई

सिखाई।

सुधार साथ करुणा।

परमेश्वर उन लोगों को अधिकार क्यों देता है जो अपनी टूटन को याद रखते हैं? कैसे

करता है याद बनना ए रक्षा ख़िलाफ़ गर्व?

ऑगस्टीन का निशान बन गया सीमाएँ।

कब गिरजाघर बन जाता है ए आईना

लीडरशिप ने ऑगस्टीन को न सिर्फ़ तारीफ़ का सामना कराया, बल्कि बुराई का भी सामना करना पड़ा। उनके शब्दों को तौला गया। उनके कामों का मतलब निकाला गया। उनके इरादों पर सवाल उठाए गए।

यह दृश्यता परिशोधित उसे।

वह अब आराम से नहीं रह सकता था।

सकना नहीं अब बोलना वह अब अकेले में

छिप नहीं सकता था ।

और इस दबाव से नाराज़ होने के बजाय, ऑगस्टीन ने इसे दया के रूप में स्वीकार किया । करता है ईश्वर अनुमति दें नेताओं को होना देखा इसलिए स्पष्ट रूप से?

क्या अगर जवाबदेही है अनुग्रह में भेस?

अगस्टीन सीखा वह ईश्वर अक्सर बरकरार रखता है विनम्रता द्वारा इनकार गोपनीयता।

लंबा काम का प्राणी बनाया बनाते समय अन्य

जब ऑगस्टीन दूसरों की देखभाल कर रहे थे, तो उन्हें एक उलझन का पता चला: सच सिखाना गहरा उसका ज़रूरत के लिए यह। अग्रणी अन्य में आज्ञाकारिता दिखाया गया ऐसे क्षेत्र जहां उन्हें अभी भी कृपा की आवश्यकता थी।

वह था नहीं खत्म हो

गया। उसका इस्तेमाल

किया जा रहा था।

और इस्तेमाल होने का मतलब पूरा होना नहीं था। क्यों

करता है ईश्वर पुकारना हम को सेवा करना पहले हम अनुभव

करना तैयार?

असर बढ़ने के बावजूद भी फॉर्मेशन क्यों जारी रहता है? ऑगस्टीन ने

एक लर्नर के तौर पर लीड करना सीखा।

प्रश्न वह आकार साल आगे

ढोना इन आगे:

- कैसे करना आप रक्षक विनम्रता कब ईश्वर बढ़ता है आपका प्रभाव?
- क्या विषयों रक्षा करना आपका निर्भरता पर ईश्वर?
- हैं आप इच्छुक को होना ज्ञात जैसा कुंआ जैसा इस्तेमाल किया गया?
- करना आप वापस करना को ईश्वर जैसा गहरा जैसा अन्य आना को आप?

इन प्रश्न इच्छा परिभाषित करना ऑगस्टीन का शेष यात्रा।

क्या है आ रहा अगला

ऑगस्टीन का प्रभाव है के बारे में को बढ़ाना आगे उसका तत्काल समुदाय।
अगला अध्याय इच्छा अन्वेषण करना:

- बोझ का मत-संबंधी ज़िम्मेदारी
- चुनौती का रक्षा सच साथ प्यार
- लागत का खड़े अटल बिना बनना कठोर

अनुग्रह इच्छा अब आकार अगस्टीन जैसा ए **रक्षक का सच और ए चरवाहा आत्माओं का** .

अध्याय नौ

हारे विश्वास की रक्षा करना दिल

T दया है वज़न।

एक बार जब ऑगस्टीन ने असर डाला, तो उन्हें पता चला कि सच अब सिर्फ़ जीने की चीज़ नहीं रह गई है—यह **बचाने की चीज़ बन गई है** । आइडियाज़ मायने रखते हैं। टीचिंग आकार आत्माएं. गलती किया नहीं अवशेष सैद्धांतिक; यह उत्पादन फल वास्तव में ज़िंदगियाँ।

और नहीं सभी फल था अच्छा।

कब गलती मांगों प्रतिक्रिया

अगस्टीन रहते थे में ए समय कब प्रतिस्पर्धा शिक्षाओं फैलाना जल्दी, कॉन्फिडेंस से और यकीन दिलाने वाले तरीके से। कुछ स्पिरिचुअल लग रहे थे। कुछ दयालु लग रहे थे। कुछ इंटेलेक्चुअली बेहतर लग रहे थे। कई लोगों ने क्रिश्चियन भाषा उधार ली, जबकि उसकी ताकत खत्म कर दी।

मौन था नहीं एक विकल्प।

को अवशेष शांत चाहेंगे पास होना गया आसान

। अवशेष सहमत चाहेंगे पास होना गया सुरक्षित.

लेकिन लोगों के लिए प्यार में आराम की नहीं, बल्कि साफ़-

साफ़ बात की ज़रूरत थी। क्यों? करता है सच अंततः

ज़रूरत होना टकराव? सहनशीलता कब उपेक्षा में बदल

जाती है?

अगस्टीन सीखा वह रक्षा आस्था था नहीं अहंकार—यह ज़िम्मेदारी थी।

खतरा पर दोनों दोनों पक्ष

फिर भी ऑगस्टीन ने एक खतरनाक बात भी समझी: यह है संभव को रक्षा करना सच और खोना प्यार।

सुधार घमंड में बदल सकता है। यकीन

क्रूरता बन सकता है। रूढ़ीवाद ठंडे दिल के

साथ रह सकता है। और ऑगस्टीन ने ऐसा

होते देखा था।

वह था एक बार गया पर प्राप्त अंत का कठोर निश्चितता—सत्य बिना सब्र के कही गई बातें, बिना शालीनता के यकीन दिलाया गया। उसे याद था कि बहस कितनी आसानी से ठीक करने के बजाय चोट पहुंचा सकती है।

इसलिए वह चला सावधानी से।

हम बिना लड़ाई किए कैसे लड़ें? हम बिना कुचले कैसे सुधार करें?

सच जैसा ए रूप का सेवा

अगस्टीन पुनः फ्रेम किया गया काम।

आस्था का बचाव करना बहस जीतने के बारे में नहीं था । था के

बारे में **की सेवा आत्माएं** .

सच था नहीं ए हथियार को सिद्ध करना श्रेष्ठता। यह

स्वास्थ्य को ठीक करने की दवा थी।

यह बदल गया कैसे वह बोला.

उसने कैसे लिखा.

कैसे वह सामना गलती।

वह विरोध प्रलोभन को अपमानित विरोधियों. वह अस्वीकार करना को लोगों को पदों पर बिठाना। उसे याद था कि हर गलत विचार के पीछे एक इंसान होता है दिल आकार द्वारा डर, भ्रम, या गर्व।

होगा अगर सुधार का लक्ष्य दबदबा न होकर, फिर से बनाना हो? अगर प्यार है नहीं विलोम का सच, लेकिन इसका उचित वितरण?

निजी लागत का खड़े अटल

स्पष्टता आमंत्रित विपक्ष.

ऑगस्टीन की आलोचना हुई। उन्हें गलत समझा गया। चुनौती दी गई। कभी-कभी गलत तरीके से पेश किया गया। खड़े होकर के लिए सच लागत उसे शांति, प्रतिष्ठा, और आसानी।

लेकिन समझौता चाहेंगे पास होना लागत अधिक।

क्यों करता है आज्ञाकारिता अक्सर लाना टकराव की अपेक्षा बजाय शांत? लोगों से इतना प्यार करने का क्या मतलब है कि नापसंद किए जाने का रिस्क लिया जाए?

अगस्टीन स्वीकृत लागत—नहीं जैसा शहादत, लेकिन जैसा प्रबंधन।

विनम्रता अंतर्गत आग

सच्चाई का बचाव करते हुए भी, ऑगस्टीन अपनी गलतियों के प्रति सचेत रहे। उन्होंने अपने इरादों की जांच की। उन्होंने धर्मग्रंथों को फिर से पढ़ा। उन्होंने सुधार का स्वागत किया।

वह अच्छी तरह जानते थे कि सही होने का मतलब नेक होना मानने में कितना खतरा है।

सच्चाई के रक्षकों को कृपा के छात्र क्यों बने रहना चाहिए?

विनम्रता अधिकार को कैसे बचाती है?

ऑगस्टीन का मुद्रा अहमियत जैसा अधिकता जैसा उसका पद।

धीमा गठन का ए अध्यापक

ऊपर समय, अगस्टीन बन गया ज्ञात नहीं केवल के लिए स्पष्टता, लेकिन बैलेंस के लिए। उन्होंने मज़बूती के साथ दया, यकीन के साथ सब्र, अधिकार के साथ विनम्रता को मिलाया।

उसकी बातों में वज़न था क्योंकि उसकी ज़िंदगी में संयम था। उसने यह सच बिना प्यार के ज़ख्मों के सीखा था।

लेकिन प्यार बिना सच गुमराह करता है.

कॉलिंग था नहीं को चुनना बीच में उन्हें-लेकिन को **पकड़ना दोनों ईमानदारी से** .

प्रश्न वह खींचना आत्मा

ढोना इन साथ आप:

- कैसे करना आप जवाब देना कब सच आवश्यक है टकराव?
- कहाँ हो सकता है दृढ़ विश्वास होना सख्त में गर्व?
- हैं आप अधिक संबंधित साथ प्राणी सही या प्राणी मुक्तिदायक?
- क्या चाहेंगे यह लागत आप को खड़ा होना अटल में प्यार?

इन प्रश्न इच्छा गूंज के माध्यम से धार्मिक यात्रा आगे।

क्या है आ रहा अगला

ऑगस्टीन का प्रभाव है विस्तार, और इसलिए है वज़न वह वहन करती है।

अगला अध्याय इच्छा अन्वेषण करना:

- कष्ट वह करता है नहीं छुट्टी
- प्रश्न वह आस्था करता है नहीं जल्दी से उत्तर
- पर भरोसा ईश्वर कब आज्ञाकारिता करता है नहीं निकालना दर्द

अनुग्रह अब ऑगस्टीन को एक गहरे तरीके से आकार देगा - जीत के माध्यम से नहीं, बल्कि धैर्य।

अध्याय दस

कब आस्था करता है नहीं दर्द दूर करें

O बिस्तर किया नहीं बचाने अगस्टीन से दुः ख।
अगर कुछ भी, यह **स्पष्ट किया यह** ।

द्वारा यह मौसम का उसका ज़िंदगी, अगस्टीन था आत्मसमर्पण कर दिया महत्वाकांक्षा, उन्होंने बुलावे को अपनाया, सच की रक्षा की और ज़िम्मेदारी स्वीकार की। उनका विश्वास अब सिर्फ़ थ्योरी वाला नहीं रहा। यह था परीक्षण किया गया, दृश्यमान, और महंगा.

और अभी भी—दर्द रह गया।

अपराध बोध का दर्द नहीं।

नहीं दर्द का विद्रोह।

लेकिन दर्द वह देर तक रहता है यहां तक की कब आज्ञाकारिता है ईमानदार।

मिथक का दर्दरहित आस्था

अगस्टीन था एक बार ग्रहण वह समर्पण चाहेंगे लाना सादगी । स्पष्टता चाहेंगे निकालना जटिलता. वह आज्ञाकारिता चाहेंगे संकल्प तनाव।

यह किया नहीं।

विश्वास ने नुकसान को मिटाया

नहीं। किया नहीं रोकना दुःख.

सत्य किया नहीं मौन दुः ख।

बजाय, आस्था दिया दर्द ए नया प्रसंग।

हम क्यों उम्मीद करते हैं कि आज्ञाकारिता हमें दुख से बचाएगी?

किया विचार आना से वह आस्था गारंटी आसानी?

अगस्टीन शुरू किया को समझना वह ईश्वर करता है नहीं हमेशा निकालना दर्द - कभी-कभी वह **इसे पुनर्परिभाषित करता है** ।

दुः ख वह आकार की अपेक्षा बजाय नष्ट कर देता है

अगस्टीन अनुभवी दुः ख वह काटना गहराई से. हानि वह सकना नहीं होना तर्क दिया दूर। प्रश्न वह धर्मशास्त्र किया नहीं जल्दी से उत्तर।

वह किया नहीं व्याख्या कष्ट जैसा सज़ा। उसने यह
नहीं माना कि यह नाकामी थी।
वह अनुमत यह को काम।
पेन एक ट्यूटर बन गया।
दुः ख बन गया ए परिष्कृत आग. धीरज बन
गया एक भेंट।
क्यों रहने देते हैं? दयालु का आस्था है बनाया कब राहत करता है
नहीं आना?

अगस्टीन की खोज की वह कष्ट कर सकना गहरा निर्भरता में आराम कभी नहीं करता।

पर भरोसा ईश्वर बिना स्पष्टीकरण

ऐसे पल थे जब ऑगस्टीन को जवाब चाहिए थे। साफ़ वजहें। तुरंत संकल्प।

लेकिन ईश्वर की पेशकश की कुछ अन्य:
उपस्थिति नहीं स्पष्टीकरण।
नहीं
पलायन।
उपस्थिति।

अगस्टीन सीखा को विश्वास ईश्वर बिना समझ उसे पूरी तरह से. को में आराम भगवान का चरित्र कब परिस्थितियाँ विरोध व्याख्या।

भगवान अक्सर जवाब क्यों नहीं देते, लेकिन खुद कभी नहीं बताते जब
क्लैरिटी न हो तो भरोसा करने का क्या मतलब है ?
यह दयालु का आस्था था शांत—लेकिन मजबूत.

गठन का गहराई

दर्द छीन दूर क्या प्रभाव सकना नहीं।
यह अनावृत अधीरता।
इसने छिपी हुई उम्मीदों को सामने ला
दिया। इसने कमज़ोर आत्मविश्वास
को खत्म कर दिया।

और में इसका जगह, कुछ और गहरा करुणा बढ़ी।

विस्तारित.

विनम्रता निर्भरता गहरा

हुआ.

ऑगस्टीन की शिक्षाओं को इसलिए महत्व मिला क्योंकि उनके विश्वास पर दबाव डाला गया था। उनके शब्द ले जाया गया अधिकार क्योंकि वे था गया परीक्षण किया गया.

दुख अक्सर हमें उस सेवा के लिए तैयार क्यों करता है जिसकी हमने उम्मीद नहीं की थी? धीरज कैसे समझदारी को आकार देता है?

आस्था वह करता है नहीं माँग परिणाम

शायद अधिकांश गहरा बदलाव घटित हुआ यहाँ: ऑगस्टीन ने नतीजों से विश्वास को मापना बंद कर दिया।

उसने बिना गारंटी के बात मानना सीखा।

बिना टाइमलाइन के भरोसा करना सीखा।

बिना नाराज़गी के सहना। विश्वास

अब कोई लेन-देन नहीं था। यह एक

रिश्ता था।

विश्वास तब सबसे ज़्यादा मैच्योर क्यों होता है जब उसे सबूत की ज़रूरत नहीं होती ? क्या ह ाेती है कब आज्ञाकारिता बन जाता है इसका अपना इनाम?

ऑगस्टीन ने आराम किया—इसलिए नहीं कि हालात सुधर गए, बल्कि इसलिए कि भगव वहीं रहे वफादार।

प्रश्न वह गहरा यात्रा

करना नहीं जल्दबाज़ी करना इनः

- क्या दर्द पास होना आप ग्रहण आस्था चाहिए निकालना?
- कहाँ है निराशा चुनौतीः आपका विश्वास?
- कर सकना आप अवशेष वफादार बिना तुरंत राहत ?
- है आपका आज्ञाकारिता सशर्त पर नतीजे?

इन प्रश्न इच्छा गूंज के माध्यम से धार्मिक दिन आगे।

क्या है आ रहा अगला

ऑगस्टीन अब अपने जीवन के अंतिम वर्षों में प्रवेश कर रहे हैं—वे वर्ष जिनकी पहचान प्रतिबिंब, परंपरा, और तैयारी के लिए प्रस्थान।

अगला अध्याय इच्छा अन्वेषण करनाः

- बुद्धि का मसा
- आकार देने का परंपरा
- तैयारी अन्य को ढोना आस्था आगे

अनुग्रह इच्छा अब रूप अगस्टीन जैसा ए **फिनिशर** , नहीं अभी एक अनुयायी.

अध्याय इलेवन लिविंग साथ अंत में

देखना

T यहाँ आता है ए बिंदु में प्रत्येक ज़िंदगी कब तात्कालिकता परिवर्तन इसका स्वर. महत्वाकांक्षा देता है रास्ता को सावधानी।

गति गहराई के आगे झुक जाती है।

उपलब्धि अर्थ के आगे फीकी पड़ जाती

है। ऑगस्टीन था प्रविष्टि की वह

मौसम।

अब वह अपनी ज़िंदगी को इस बात से नहीं मापता था कि वह कितना कर सकता है, बल्कि इस बात से मापता था कि वह इसे कितनी ईमानदारी से **पूरा कर सकता है** ।

कब भविष्य छोटा कर

आयु है ए रास्ता का स्पष्ट क्या युवा नज़रअंदाज़ करता है।

अगस्टीन अनुभव किया समय अलग ढंग से अब। नहीं जैसा दबाव, लेकिन जैसा परिप्रेक्ष्य। साल आगे थे से कम बजाय साल पीछे। क्या जस था नहीं अब के बारे में बनना—यह था के बारे में **सौंपना** .

वह किया नहीं बढ़ना पैसिव।

वह जानबूझकर बड़ा हुआ।

क्यों आती है? परिवर्तन कब हम रुकना मान लिया जाये हम पास

होना "बाद में"?

अगस्टीन सीखा को रहना साथ अंत में दृश्य—नहीं भयभीत होकर, लेकिन ईमानदारी से.

स्थानांतरण से आवाज़ को जहाज़

ऑगस्टीन अब भी पढ़ाते थे, अब भी लिखते थे, अब भी गाइड करते थे। लेकिन उनका पोस्चर बदल गया था । बदल गया.

अब उसे किसी की बात सुनने की
ज़रूरत नहीं थी। वह चाहता था कि
सच बना रहे।

उन्होंने दूसरों में गहराई से निवेश किया—नेता तैयार किए, समुदायों को मजबूत किया, रक्षा सिद्धांत नहीं के माध्यम से नियंत्रण, लेकिन के माध्यम से स्पष्टता. उनकी चिंता स्थानांतरित कर दिया से प्रभाव को **विरासत** ।

क्या हैं हम इमारत वह इच्छा जीवित रहना हम?
क्या हम लोग बना रहे हैं—या प्लेटफॉर्म?

ऑगस्टीन समझते थे कि विरासत वह नहीं है जो हम पीछे छोड़ते हैं, बल्कि वह है जिसे हम पीछे छोड़ते हैं तैयार।

रायः शांति साथ परिसीमन

शरीर कमज़ोर. ऊर्जा कम हो गया. कष्ट पुनः देखा गया।

ऑगस्टीन ने इन बदलावों का विरोध नहीं किया। उन्होंने इन्हें याद दिलाने वाली चीज़ के तौर पर लिया—नुकसान की नहीं, बल्कि बदलाव की। उनकी उम्मीद कभी भी ताकत पर नहीं टिकी थी। यह मसीह पर टिकी थी।

क्यों करता है ईश्वर अनुमति दें गिरावट को आकार आस्था?
जब क्षमता कम हो जाती है तो भरोसा कैसा दिखता है?
ऑगस्टीन का आस्था किया नहीं सिकुड़ना साथ उसका
ताकत। यह गहरा हुआ.

याद आती अनुग्रह, नहीं पछतावा नहीं

पीछे मुड़कर देखें तो ऑगस्टीन ने अपनी नाकामियों से इनकार नहीं किया। वह उन्हें याद करता था—लेकिन सुधार के नज़रिए से।

वह किया नहीं अभ्यास

पछतावा। उसने दया का

अभ्यास किया।

प्रत्येक देरी, प्रत्येक ग़लत कदम, प्रत्येक प्रतिरोध बन गया सबूत—नहीं शर्म की बात है, लेकिन का दया। ईश्वर था नहीं बर्बाद उसका ज़िंदगी। ईश्वर था छुड़ाया यह।

कृपा हमें बिना बुराई किए याद रखने की इजाज़त क्यों देती है? आभार,

पछतावे की जगह कैसे ले सकता है?

ऑगस्टीन ने उस व्यक्ति की वफ़ादारी पर भरोसा किया जिसने उसे दुनिया से दूर भगाया था। शुरुआत।

तैयारी के लिए प्रस्थान

अगस्टीन किया नहीं डर मौत।

नहीं क्योंकि वह था बहादुर, लेकिन क्योंकि वह था लंगर डाला.

उनकी उम्मीद उनके काम, उनकी लिखाई या उनके असर में नहीं थी। यह उम्मीद उनके काम में थी। मसीह जो था गया नजदीक को उसे बजाय वह था कभी गया को वह स्वयं।

क्यों करता है आस्था बढ़ना शांत पास में अंत?

किस तरह की ज़िंदगी शांति से जाने की इजाज़त देती है?

ऑगस्टीन ने ईमानदारी से जिया था।

वह था आत्मसमर्पण कर दिया

पूरी तरह से। उसने बहुत

भरोसा किया था।

और अब, वह इंतज़ार किया.

प्रश्न के लिए वे फिर भी यात्रा

ढोना इन आगे:

- क्या चाहेंगे परिवर्तन अगर आप रहते थे साथ अंत में देखना?
- क्या हैं आप इमारत वह इच्छा अवशेष?
- कौन हैं आप जानबूझकर तैयारी कर रहे हैं?
- हैं आप पर भरोसा ईश्वर साथ आपका सीमाएँ जैसा अधिकता जैसा आपकी ताकत?

इन प्रश्न इच्छा साथ अंतिम आंदोलन का कहानी .

क्या है आ रहा अगला

ऑगस्टीन का ज़िंदगी है चित्रकला को इसका करीब—लेकिन उसका प्रभाव है दूर समाप्त से
।

अंतिम अध्याय इच्छा प्रतिबिंबित होना पर:

- ए ज़िंदगी पढ़ना द्वारा पीढ़ियों

- फल वह बाद भी जीवित रहता पेड़
- क्या यह मतलब को बनना ए सत्य जीविका पत्र

अध्याय बारह ए ज़िंदगी

पढ़ना द्वारा सभी

A ऑगस्टीन का ज़िंदगी चुपचाप खत्म हो गया ।
वहाँ थे नहीं ग्रैंड घोषणाएँ।

नहीं अंतिम प्रदर्शन।

नहीं कोशिश करना को संरक्षित करना परंपरा।

और फिर भी—उसका ज़िंदगी जारी है को बोलना।

नहीं क्योंकि वह ढूँढा गया स्थायित्व, लेकिन क्योंकि वह आत्मसमर्पण कर दिया को जो शाश्वत है।

कब ए ज़िंदगी बन जाता है ए पत्र

प्रेरित पॉल लिखा वह विश्वासियों हैं पत्र—लिखित नहीं स्याही से, लेकिन द्वारा आत्मा का जीविका ईश्वर, ज्ञात और पढ़ना द्वारा सभी।

अगस्टीन बन गया एक का वे पत्र. नहीं

क्योंकि वह था बेदाग।

नहीं क्योंकि वह था असाधारण।

लेकिन क्योंकि वह **झुक गया था** ।

उसका ज़िंदगी बताया ए कहानी वह सकना होना पढ़ना बिना स्पष्टीकरण:

- वह अनुग्रह कर्मों पहले आज्ञाकारिता शुरू होता है

- वह सच का सामना पहले यह आराम
- वह समर्पण पछाड़ आराम
- वह आज्ञाकारिता नया स्वरूप दे इच्छा
- वह भक्ति बाद भी जीवित रहता वफादार

, परिपूर्ण जीवन से ज़्यादा ज़ोर से क्यों बोलते हैं? बनाता है कुछ कहानियाँ सहन करना जबकि अन्य फीका?
ऑगस्टीन का ज़िंदगी ऊब पैदा करना फल वह बनाया इसका जड़ों दृश्यमान।

फल वह बाद भी जीवित रहता पेड़

अगस्टीन किया नहीं रहना को प्रभाव सदियों।

वह रहते थे को आज्ञा का पालन करना ईश्वर।

और आज्ञाकारिता गुणा किया हुआ आगे उसका जीवनभर।

उसका बयान दिया आवाज़ को इंसान संघर्ष साथ पाप और अनुग्रह। उनकी शिक्षाओं ने पीढ़ियों को प्यार, इच्छा, समय, याद और भगवान को समझने का तरीका दिया। उनकी ईमानदारी ने विश्वासियों को भगवान के सामने दिखावा करने के बजाय सच्चा होने की इजाज़त दी।

लेकिन ऑगस्टीन ने खुद से दूर इशारा किया होगा। फल उनकी उपलब्धि नहीं थी।

यह था भगवान का काम।

भगवान अक्सर ऐसे लोगों का इस्तेमाल क्यों करते हैं जो बिना सोचे-समझे समर्पित हो जाते हैं? हमारे जाने के बहुत बाद भी कौन सा फल उग सकता है?

ए कहानी वह आमंत्रण प्रतिक्रिया

ऑगस्टीन का ज़िंदगी करता है नहीं पूछना को होना प्रशंसित.

यह आह्वान को होना उत्तर दिया.

यह का सामना प्रत्येक पाठक साथ असुविधाजनक प्रश्न:

- कहाँ हैं आप देरी आज्ञाकारिता?
- क्या इच्छाएँ फिर भी प्रतिरोध करना समर्पण?
- क्या सच करना आप जानना लेकिन पास होना नहीं अभी तक आज्ञा का पालन किया?
- क्या चाहेंगे भरा हुआ उपज देखना पसंद के लिए आप?

इन हैं नहीं ऐतिहासिक सवाल अभी के हैं।

ऑगस्टीन का कहानी बन जाता है खतरनाक केवल कब यह अवशेष ए कहानी।

से जीवनी को शागिर्दी

यहीं पर जीवनी खत्म होनी चाहिए और यात्रा शुरू होनी चाहिए।

आगे आने वाले पेज यह नहीं पूछेंगे कि ऑगस्टीन क्या मानते थे। वे पूछेंगे कि आप क्या करेंगे।

प्रत्येक दिन का 40 **दिन जीविका पत्र धार्मिक यात्रा** इच्छा एक ले लो विषय से ऑगस्टीन का ज़िंदगी और मोड़ यह में ए दर्पण के माध्यम से धर्मग्रंथ, प्रार्थना, सोच-विचार, कमिटमेंट और घोषणा।

आप इच्छा नहीं होना पूछा को नकल करना ऑगस्टीन.

आप इच्छा होना आमंत्रित को **अनुसरण करना मसीह** , जैसा अगस्टीन किया।

ए अंतिम सवाल पहले यात्रा शुरू होता है

अगस्टीन एक बार लिखा वह ईश्वर था करीब को उसे बजाय वह था स्वयं को ।

वह वही ईश्वर है उपस्थित अब क्या? है

वह लिखना में आपका जीवन? और

इच्छा आप अनुमति दें यह को होना

पढ़ना?

संक्रमण टिप्पणी को पाठक

आप पास होना अब पढ़ना कहानी का ए ज़िंदगी ईश्वर अस्वीकार करना को छोड़ देना।

क्या इस प्रकार है एक निमंत्रण—नहीं को निरीक्षण, लेकिन को भाग लें ।

अगला पृष्ठ शुरू होता है **दिन एक** का 40 दिन भक्ति.

आना तैयार को होना लिखा हुआ।

जीविका पत्र – 40 दिन धार्मिक श्रृंखला - 1 अध्ययन शुरू

होता है... >>>>>

दिन एक

ए बेचेन होना दिल ईश्वर इनकार अनदेखी करने के लिए

K **ईवाई केंद्र शास्त्रों**

"आप पास होना बनाया हम के लिए अपने आप को, हे भगवान, और हमारा दिल है बेचेन होना जब तक वह आप में विश्राम न करे।"

— *बयान*

"आप हैं हमारा पत्र लिखा हुआ में हमारा दिल, ज्ञात और पढ़ना द्वारा सभी पुरुष।"

— 2 कुरिन्थियों 3:2–3

"के लिए हम कौन पास होना माना जाता है कि करना प्रवेश करना वह आराम... वहाँ अवशेष इसलिए एक आराम के लिए लोग का ईश्वर। के लिए वह कौन है प्रविष्टि की उसका आराम है वह स्वयं भी बंद हो गया से उसका काम करता है जैसा ईश्वर किया से उसका।"

— इब्रा 4:3–10

"आना को मुझे, सभी आप कौन श्रम और हैं भारी लदे हुए, और मैं इच्छा देना तुम आराम करो।"

— मैथ्यू 11:28

ऑगस्टीन का रहते थे पल

पहले समर्पण, पहले आज्ञाकारिता, पहले प्रभाव, **अगस्टीन का हिप्पो**
रहते थे साथ एक अशांति वह सकना नहीं व्याख्या करना या पलायन।

वह था बुद्धिमान। वह

था प्रोडक्टिव। उनकी

तारीफ़ हुई।

अभी तक उसका आत्मा जस अस्थिर.

ऑगस्टीन में आस्था या आध्यात्मिक जागरूकता की कमी नहीं थी । था **बाकी** - नहीं भौतिक आराम, लेकिन गहरा आराम वह आता है से के साथ संरेखण ईश्वर। उसका ज़िंदगी था सक्रिय, लेकिन उसका दिल था विभाजित. वह अस्वाभाविक बाहरी तौर पर सफल होते हुए भी अंदरूनी तौर पर।

ईश्वर किया नहीं निकालना बेचैनी. उसने

इसका इस्तेमाल किया.

अगस्टीन बाद में समझना वह उसका अशांति था नहीं ए संकेत का भगवान का अनुपस्थिति, लेकिन की भगवान का **आमंत्रण** । ईश्वर था कॉलिंग उसे बाहर का आत्म निर्देशित प्रयास और दिव्य विश्राम में - एक विश्राम जो तब शुरू नहीं होता जब जीवन धीमा हो जाता है, बल्कि तब होता है जब आत्मा हार मान लेती है।

ज़िंदगी पाठ

बाइबिल का आराम है नहीं

इनएक्टिविटी. यह **अलाइनमेंट**

है .

इब्रा कहता है हम वह भगवान का आराम पहले से मौजूद है—और वह विश्वासियों *प्रवेश करना* इसका मतलब है कि आराम ऐसी चीज़ नहीं है जिसे हम कोशिश करके पाते हैं; यह ऐसी चीज़ है जिसे हम सरेंडर करके पाते हैं।

बेचैनी अक्सर अवशेष कब:

- हम विश्वास, लेकिन करना नहीं पूरी तरह उपज
- हम काम के लिए ईश्वर बजाय का आराम में ईश्वर
- हम कोशिश करना साथ हमारा अपना ताकत की अपेक्षा बजाय पर भरोसा भगवान का तैयार काम

ईश्वर अनुमति देता है अशांति को दृढ़ रहना कब यह उजागर क्षेत्रों का आत्मनिर्भरता ।

बेचैनी तब दया बन जाती है जब वह हमें कोशिश करना बंद करने और हार मानने पर मजबूर कर देती है।

आईना पल (निजी प्रतिबिंब)

बैठना साथ इन प्रश्न प्रार्थनापूर्वक:

- कहाँ हैं आप सक्रिय के लिए ईश्वर लेकिन नहीं पर आराम में उसे?
- क्या आंतरिक श्रम है ईश्वर गया आमंत्रण आप को मुक्त करना?

• हैं आप प्रयास को सिद्ध करना कुछ ईश्वर है पहले ही वादा किया है?

इब्रानियों 4 हमें याद दिलाता है कि आराम तब मिलता है जब हम **अपने कामों से रुक जाते हैं** ।

कार्रवाई के लिए आज्ञाकारिता

आज, अभ्यास प्रवेश भगवान का आराम जानबूझकर.

- तय करना अलग 10–15 मिनट में मौन
- पढ़ना **इब्रा 4:3–10** धीरे से, जोर अगर संभव
- पूछना पवित्र आत्मा:
  "कहाँ पूर्वाह्न मैं फिर भी प्रयास बजाय का भरोसा?"

लिखना नीचे क्या आत्मा इसे ठीक न
करें। इसे स्वीकार करें ।

समूह बहस प्रश्न

1. कैसे करता है इंजील परिभाषित करना आराम अलग ढंग से से संस्कृति?
2. क्या है अंतर बीच में भौतिक आराम और आध्यात्मिक आराम?
3. कैसे कर सकना प्रयास अस्तित्व यहां तक की में धार्मिक गतिविधि?

प्रार्थना

पिता, मैं मानता हूँ कि मैं अक्सर वहीं काम करता हूँ जहाँ आपने पहले ही काम पूरा कर दिया होता है।

पढ़ाना मुझे को प्रवेश करना आपका बाकी नहीं के माध्यम से कोशिश, लेकिन के माध्यम से सरेंडर करो। जहाँ मेरा दिल बँटा हुआ है, वहाँ एक जैसा करो।

कहाँ मैं पूर्वाह्न प्रयास करना, पढ़ाना मुझे को
भरोसा रखो। मैं तुम पर भरोसा करना
चुनता हूँ।
आमीन।

भविष्यवाणी घोषणा

मैं प्रवेश करना भगवान का आराम द्वारा आस्था।
मैं रोकना से आत्म निर्देशित प्रयासरत.
मेरा ज़िंदगी संरेखित करता है साथ भगवान का खत्म काम।
मैं पूर्वाह्न लिखा हुआ द्वारा आत्मा, नहीं चलाया हुआ द्वारा दबाव।

प्रतिबद्धता को आज्ञाकारिता

आज, मैं चुनना आराम ऊपर प्रयासरत.

मैं उपज नियंत्रण कहाँ ईश्वर है पहले से बोला. मैं

इच्छा विश्वास भगवान का काम अधिक बजाय

मेरा प्रयास। **दूसरे दिन की ओर देखते हुए**

ऑगस्टीन का बेचैनी किया नहीं तुरंत नेतृत्व करना उसे में आराम।

यह नेतृत्व किया उसे में **देरी** — खतरनाक आदत का जानने सच लेकिन स्थगित आज्ञाकारिता।

कल हम इच्छा सामना होना झूठ वह रखता है अनेक विश्वासी बेचैन:

"बाद में इच्छा होना आसान।"

दिन दो

लागत का देरी और झूठ "अभी नहीं" का

K **ईवाई केंद्र शास्त्रों**

"आज, अगर आप इच्छा सुनो उसका आवाज़, करना नहीं कठोर बनाना तुम्हारे दिल।"

— **इब्रानियों** 3:7–8

"के लिए हम हैं भगवान का साथी मज़दूरों... अब है स्वीकृत समय; देखो, अब उद्धार का दिन है।"

— 1 कुरिन्थियों 3:9; 2 कुरिन्थियों 6:2

"क्यों करना आप इंतज़ार? उठना और होना बपतिस्मा और धोना दूर आपका पाप, यहोवा का नाम पुकारते हुए।"

— अधिनियमों 22:16

"जो कोई भी जानता है सही चीज़ को करना और विफल रहता है को करना यह, के लिए उसे यह है पाप।"

— जेम्स 4:17

ऑगस्टीन का रहते थे पल

ऑगस्टीन ने ईश्वर को अस्वीकार नहीं किया। उन्होंने उसे टाल दिया।

लंबा पहले उसका समर्पण, अगस्टीन था कायल वह ईसाई धर्म सच था । उसने इसकी सुंदरता की तारीफ़ की। उसने इसकी एकरूपता को स्वीकार किया। उसने इसके वादों की भी इच्छा की ।

लेकिन वह विलंबित आज्ञाकारिता।

उसने खुद से कहा कि वह अभी तैयार नहीं है। बदलाव बाद में आएगा। ग्रोथ के लिए समय चाहिए। सरेंडर के लिए इंतज़ार करना पड़ सकता है।

और इसलिए वह प्रार्थना की ए खतरनाक

प्रार्थना: नहीं अभी तक।

क्या अगस्टीन किया नहीं समझना था वह देरी था आकार देने उसे जैसा जितना फ़ैसला। हर टाली गई बात मानने की आदत मज़बूत होती गई। हर "बाद में" बात गहरी होती गई विभाजन। प्रत्येक संकोच प्रशिक्षित उसका इच्छा को प्रतिरोध करना।

देरी था नहीं तटस्थ।

ज़िंदगी पाठ

देरी और मज़बूत बनाता है क्या आज्ञाकारिता चाहेंगे ठीक होना।

धर्मग्रंथ में आज्ञा मानने में देरी को समझदारी नहीं माना गया है। इसे खतरे के तौर पर माना गया है। इब्रानियों ने चेतावनी दी है कि दिल न केवल विद्रोह से, बल्कि **टालमटोल से भी कठोर होते हैं** ।

आवाज़ का ईश्वर हमेशा बोलता है में उपस्थित काल.

"आज."

देरी मना हम वह समय इच्छा बनाना आज्ञाकारिता आसान। में वास्तविकता, देरी से पैटर्न गहरा होता है, जुड़ाव मजबूत होता है, और विरोध सामान्य होता है।

जो धैर्य जैसा लगता है, वह टालमटोल हो सकता है। जो सावधानी जैसा लगता है, वह डर हो सकता है।

क्या महसूस करता पसंद बुद्धि मई होना अविश्वास।

आईना पल (निजी प्रतिबिंब)

लेना समय साथ इन प्रश्न:

- क्या है ईश्वर स्पष्ट रूप से बोला को आप वह आप पास होना स्थगित?
- कहाँ पास होना आप इस्तेमाल किया गया तैयारी जैसा ए विकल्प के लिए आज्ञाकारिता?
- क्या लागत है देरी पहले से उत्पादन में आपका ज़िंदगी?

करना नहीं उत्तर रक्षात्मक रूप से. उत्तर ईमानदारी से।

कार्रवाई के लिए आज्ञाकारिता

पहचान करना **एक विशिष्ट आज्ञाकारिता** आप पास होना देरी

से। आज:

- नाम यह स्पष्ट रूप से
- प्रार्थना करना ऊपर यह संक्षिप्त
- लेना एक ठोस कदम इसकी ओर

कॉन्फिडेंस का इंतज़ार मत करो। बात मानने से अक्सर कॉन्फिडेंस आता है, इसका उल्टा नहीं होता।

समूह बहस प्रश्न

1. क्यों करता है देरी अनुभव करना सुरक्षित बजाय आज्ञा का उल्लंघन?
2. कैसे करता है संस्कृति सुदृढ़ विचार वह "बाद में" है ढंग?
3. क्या है अंतर बीच में इंतज़ार में पर ईश्वर और टाल ईश्वर?

प्रार्थना

पिता, मैं मानता हूँ कि मैंने बात मानना टाल दिया, जबकि खुद को यकीन दिलाता रहा कि मैं सावधान रह रहा हूँ।

क्षमा करना मुझे के लिए टाइम्स मैं विलंबित क्या आप बनाया साफ़.

मेरे दिल को नरम कर दो.

मुझे सिखाओ कि जब आप बोलें तो बिना मोलभाव के जवाब दूं। मैं

आज आज्ञा मानना चुनता हूं।

आमीन।

भविष्यवाणी घोषणा

मैं जवाब देना कब ईश्वर बोलता है.

मेरा दिल अवशेष कोमल और रिस्पॉन्सिव.

देरी खो देता है इसका शक्ति ऊपर मेरा

ज़िंदगी।

आज, मैं आज्ञा का पालन करना।

प्रतिबद्धता को आज्ञाकारिता

आज, मैं अस्वीकार करना झूठ का "नहीं अभी तक।"

मैं भविष्य के इरादे के बजाय अभी की बात मानना चुनता

हूँ। इच्छा कार्य पर क्या ईश्वर है पहले से दिखाया

गया।

देखना आगे को दिन तीन

ऑगस्टीन का देरी था नहीं जड़ें में अज्ञानता—यह था जड़ें में **विभाजित इच्छा** .

कल हम इच्छा सामना होना ए गहरा मुद्दा:

क्या ह ◌ा◌ेती है कब हम चाहना ईश्वर, लेकिन चाहना कुछ अन्य अधिक?

दिन तीन

विभाजित इच्छा और इच्छा की लड़ाई

K **ईवाई केंद्र शास्त्रों**

"मैं आनंद में कानून का ईश्वर अनुसार को आंतरिक आदमी, लेकिन मैं दूसरा देखें कानून में मेरा सदस्यों, जीवन-मरण का ख़िलाफ़ कानून का मेरा दिमाग।"

— रोमनों 7:22–23

"नहीं एक कर सकना सेवा करना दो स्वामी।"

— मैथ्यू 6:24

"प्रत्येक एक है परीक्षा कब वह है अनिर्णित दूर द्वारा उसका अपना इच्छाएँ और लुभाया गया।"

— जेम्स 1:14

"वे कौन संबंधित को ईसा मसीह यीशु पास होना सूली पर चढ़ाया गया माँस साथ इसका जुनून और इच्छाएँ।"

— गलाटियन्स 5:24

ऑगस्टीन का रहते थे पल

ऑगस्टीन का सबसे बड़ा संघर्ष अविश्वास नहीं था।

यह **विभाजन था** ।

वह भगवान को चाहता

था । वांछित परम

पूज्य।

वह वांछित स्वतंत्रता।

और पर वही समय, वह वांछित नियंत्रण, आनंद, और परिचितता।

इस अंदरूनी लड़ाई ने उसे परेशान कर दिया। उसने अपनी इच्छाशक्ति को बँटा हुआ बताया—जो उलटी दिशाओं में खिंची हुई थी। उसका एक हिस्सा भगवान के लिए तरसता था; दूसरा ज़िद से चिपका हुआ था । आदत।

अगस्टीन किया नहीं कमी उसमें

अलाइनमेंट की कमी थी ।

त्रासदी था नहीं वह वह किया नहीं जानना अच्छा—यह था वह जानने अच्छा किया नहीं अभी तक उत्पादन करना इच्छा को चुनना यह।

ज़िंदगी पाठ

ए विभाजित दिल का उत्पादन विलंबित आज्ञाकारिता।

इच्छा है ताकतवर। इंजील करता है नहीं उपस्थित इच्छा जैसा तटस्थ; यह दिशा तय करता है। हम जो सबसे ज़्यादा चाहते हैं, वही आखिरकार हम पर राज करेगा।

इच्छा है नहीं मजबूत द्वारा जानकारी अकेला। यह है मजबूत द्वारा **पुनर्क्रमित प्यार** ।

अगस्टीन सीखा वह युद्ध के लिए आज्ञाकारिता है नहीं पहला लड़ा व्यवहार में नहीं, बल्कि प्यार में। जब तक इच्छा का सामना नहीं किया जाता, आज्ञाकारिता कमज़ोर रहती है। हम करना नहीं चुनना ख़िलाफ़ हमारा मजबूत इच्छा—हम चुनना **अनुसार को यह** ।

आईना पल (निजी प्रतिबिंब)

लेना समय साथ इन प्रश्न:

- आप जो जानते हैं और जो चुनते हैं, उसके बीच आपको कहाँ तनाव महसूस होता है ?
- क्या इच्छा है गया प्रतिस्पर्धा साथ आपका आज्ञाकारिता को ईश्वर?
- हैं आप कोशिश कर रहा को आज्ञा का पालन करना ईश्वर जबकि फिर भी की रक्षा कुछ अन्य?

होना ईमानदार। ईश्वर पहले से जानता है.

कार्रवाई के लिए आज्ञाकारिता

आज एक ऐसी इच्छा को पहचानें जो आपके दिल को बांट रही है:

- नाम यह पहले ईश्वर
- अपराध स्वीकार करना इसका प्रभाव ईमानदारी से
- पूछना ईश्वर नहीं अभी को नियंत्रित करना यह, लेकिन को **पुनः व्यवस्थित आपका**

प्यार

करना नहीं प्रार्थना करना के लिए मजबूत
इच्छाशक्ति। प्रार्थना करें के लिए और
गहरा स्नेह के लिए ईश्वर।

समूह बहस प्रश्न

1. क्यों करता है ज्ञान अकेला असफल को उत्पादन करना आज्ञाकारिता?
2. कैसे करता है संस्कृति सामान्य विभाजित इच्छाएँ?
3. क्या करता है यह अर्थ को क्रूस पर ए इच्छा की अपेक्षा बजाय प्रबंधित करना यह?

प्रार्थना

पिता, मैं अपराध स्वीकार करना वह मेरा दिल है गया विभाजित। मैं पास होना वांछित आप, लेकिन नहीं हमेशा पहला।

पुनः व्यवस्थित करें मेरा प्यार करता है.

विस्थापित प्रतिस्पर्धा इच्छाएँ साथ ए ग्रेटर स्नेह के लिए हे मेरे हृदय को अपने नाम से डरने के लिए एक कर।

आमीन।

भविष्यवाणी घोषणा

मेरा दिल है नहीं अब बँटा हुआ। मैं पूरी तरह से भगवान का हूँ।

प्रत्येक प्रतिस्पर्धा इच्छा है हार इसका अधिकार। मेरी इच्छा परमेश्वर की सच्चाई के साथ मेल खाती है।

प्रतिबद्धता को आज्ञाकारिता

आज, मैं चुनना संरेखण ऊपर मैं अपनी बँटी हुई इच्छाओं को भगवान को सौंप देता हूँ ।

मैं इच्छा नहीं रक्षा करना क्या ईश्वर है की मांग कर रहा मुझे को सूली पर चढ़ाना।

देखना आगे को दिन चार

ऑगस्टीन का विभाजित इच्छा नेतृत्व किया उसे को तलाश **आस्था प्रणाली वह माफ़ इच्छा ने इसे ठीक करने के बजाय इसे ठीक कर दिया** ।

कल हम इच्छा सामना होना ए खतरनाक विकल्पः

धर्म वह बताते हैं पाप बिना भिड़ने यह।

दिन चार

कब आस्था बन जाता है ए छिपने की जगह

K ईवाई केंद्र शास्त्रों

"होना ए रूप का देवभक्ति लेकिन इस बात का खंडन इसका शक्ति। और से ऐसे लोग मुँह मोड़ लेते हैं।"

— 2 टिमोथी 3:5

"तुम पवित्र शास्त्रों में खोज करते हो, क्योंकि तुम सोचते हो कि उनमें तुम्हें अनंत जीवन मिलता है; और ये हैं वे कौन गवाही देना का मुझे। लेकिन आप हैं नहीं इच्छुक को आना को मुझे ताकि तुम जीवन पाओ।"

— जॉन 5:39–40

"वे ढोंग को जानना ईश्वर, लेकिन में काम करता है वे अस्वीकार करना उसे।"

— टाइटस 1:16

"आस्था द्वारा स्वयं, अगर यह करता है नहीं पास होना काम करता है, है मृत।"

— जेम्स 2:17

ऑगस्टीन का रहते थे पल

हार नहीं मानी।

वह **बदल गया विश्वासों** .

इसलिए नहीं कि नया सिस्टम सच था, बल्कि इसलिए कि यह आसान था। इससे वह अपनी इच्छाओं का सामना किए बिना अच्छे और बुरे के बारे में बात कर सकता था। दिया उसे स्पष्टीकरण बजाय का पश्चाताप, अंतर्दृष्टि बजाय का आज्ञाकारिता।

अगस्टीन किया नहीं रुकना बात करना के बारे में

सच। उसने सच को खुद से बात करने देना बंद

कर दिया।

उनकी मान्यताएँ आध्यात्मिक लगती थीं। वे सोफिस्टिकेटेड लगती थीं। उन्होंने यह भी दावा किया नैतिक चिंता। लेकिन वे आवश्यक कुछ नहीं से उसका इच्छा।

आस्था बन गया ए **शरण** —नहीं से पाप, लेकिन से समर्पण।

ज़िंदगी पाठ

नहीं सभी आस्था नेतृत्व को ज़िंदगी।

कुछ विश्वास सिस्टम पाप का सामना करने के बजाय उसे समझाते हैं। वे बिना किसी अधिकार के भाषा, बिना आज्ञाकारिता के ज्ञान और बिना किसी आज्ञाकारिता के धर्म देते हैं। पश्चाताप।

बदलाव को मना करते हुए भी सच्चाई से परिचित होना संभव है । कब आस्था नहीं अब चुनौतियां इच्छा, यह बंद हो जाता है प्राणी विश्वास और **छलावरण बन जाता है** ।

सच्चा विश्वास सिर्फ़ हमारी हालत का मतलब नहीं बताता—वह **उसे बदल देता है** । **मिरर मोमेंट (पर्सनल रिफ्लेक्शन)**

बैठना ईमानदारी से साथ इन प्रश्न:

- क्या आपने कभी बात मानने से बचने के लिए थियोलॉजी, सिद्धांत या आध्यात्मिक भाषा का इस्तेमाल किया है ?
- कहाँ हो सकता है आपका मान्यताएं आराम आप अधिक बजाय वे सामना होना अ
- है वहाँ कोई क्षेत्र कहाँ आस्था है बनना स्पष्टीकरण बजाय बदलाव का ?

करना नहीं उत्तर रक्षात्मक रूप से. उत्तर प्रार्थनापूर्वक.

कार्रवाई के लिए आज्ञाकारिता

आज, परीक्षण करना एक आस्था आप पकड़ना करीब

से पूछें:

- करता है यह आस्था नेतृत्व करना मुझे की ओर आज्ञाकारिता?
- या करता है यह अनुमति दें मुझे को अवशेष अपरिवर्तित?

पवित्र आत्मा को बुलाएँ कि वह ऐसी किसी भी जगह को सामने लाए जहाँ विश्वास ने पछतावे की जगह ले ली है।

तब लेना **एक ठोस कदम का आज्ञाकारिता** वह आस्था है विलंबित।

समूह बहस प्रश्न

1. कैसे कर सकना धर्म बनना ए छिपना जगह बजाय का ए उपचारात्मक जगह?
2. क्या है अंतर बीच में जानने सच और उपज को यह?
3. क्यों हैं आस्था प्रणाली वह माँग कुछ नहीं अक्सर अधिकांश

आकर्षक?

प्रार्थना

पिता, मैं मानता हूँ कि कभी-कभी मैं सच को मानने के बजाय विश्वास के पीछे छिप ज हूँ।

ऐसे किसी भी विश्वास को सामने लाओ जो मुझे बदले बिना मुझे आराम देता है। उन वजहों को हटा दो जो बात न मानने को बचाती हैं।

मुझे जीवित विश्वास की ओर ले चलो—ऐसा विश्वास जो आज्ञा मानता है। आमीन।

भविष्यवाणी घोषणा

मैं करना नहीं छिपाना पीछे आस्था।

मेरा विश्वास आज्ञाकारिता और बदलाव लाता है। सत्य का सामना मुझे, चंगा मुझे, और नेतृत्व मुझे में जीवन. मैं टहलना में शक्ति का ईश्वर भक्ति, नहीं इसका दिखावट.

कमिटमेंट को आज्ञाकारिता

आज, मैं दिखावटी विश्वास के लिए नहीं, बल्कि जीवंत विश्वास के लिए प्रतिबद्ध हूँ। मैं सत्य को अपनी इच्छाओं को चुनौती देने दूँगा।

मैं चुनना पछतावा ऊपर स्पष्टीकरण।

देखना आगे को दिन पाँच

ऑगस्टीन की छिपने की जगह आखिरकार ढह गई।

सच इतना करीब आ गया था कि उसे नज़रअंदाज़ नहीं किया जा सकता था।

कल हम इच्छा सामना होना ए गंभीर पल:

क्या ह ाेती है कब सच है नहीं अब टाला जा सकता है—और इच्छा चुनना होगा?

दिन पाँच

जब सत्य अपरिहार्य हो जाता है

K **ईवाई केंद्र शास्त्रों**

"द रोशनी है आना में दुनिया, और पुरुषों प्यार अंधेरा इसके बजाय रोशनी, क्योंकि उनका काम थे बुराई।"

— जॉन 3:19

"के लिए शब्द का ईश्वर है जीविका और ताकतवर... ए समझने वाला का दिल के विचार और इरादे।"

— इब्रा 4:12

"कैसे लंबा इच्छा आप लड़खड़ाना बीच में दो राय? अगर भगवान है ईश्वर, उसका पीछा ।"

— 1 किंग्स 18:21

"चुनना के लिए स्वयं यह दिन किसको आप इच्छा सेवा करना।"

— यहोशू 24:15

ऑगस्टीन का रहते थे पल

ऑगस्टीन के जीवन में एक ऐसा समय आया जब **टालमटोल था नहीं अब संभव नहीं है**

।

तर्क खत्म हो गए थे। विश्वास

सिस्टम फेल हो गए थे। देरी था

खो गया इसका विश्वसनीयता।

सच खड़ा हुआ पहले उसे-नहीं जैसा एक विचार को मूल्यांकन करना, लेकिन जैसा ए पुकारना को आज्ञा का पालन करना।

अगस्टीन सकना नहीं अब कहना वह किया नहीं समझना। वह सकना नहीं लंबा दावा

वह आवश्यकता है अधिक समय। ईसाई धर्म था नहीं अब ए दूरस्थ विकल्प; यह सीधा टकराव बन गया था।

संकट था नहीं अब सच। समस्या
इच्छाशक्ति की थी ।

और उस पल, ऑगस्टीन को एक ही समय में कुछ डरावना और मुक्तिदायक एहसास हुआ:

नहीं का चयन था स्वयं ए पसंद।

ज़िंदगी पाठ

सच अंततः मांगों ए प्रतिक्रिया।

एक ऐसा पल आता है जब रोशनी जितना समझाती है, उससे कहीं ज़्यादा सामने लाती है। जब धर्मग्रंथ मन को बताना बंद कर देते हैं और दिल को जज करना शुरू कर देते हैं। जब न्यूट्रैलिटी क्लैरिटी के आगे खत्म हो जाती है।

उस समय, देरी बात न मानना बन जाती है, और फैसला न कर पाना विरोध बन जाता है।

ईश्वर करता है नहीं बल होगा-लेकिन वह निकालता है भ्रम।

कब सच बन जाता है अपरिहार्य, केवल शेष सवाल है नहीं *"क्या यह सच है?"* लेकिन *"क्या मैं आज्ञा मानूंगा?"*

आईना पल (निजी प्रतिबिंब)

बैठना चुपचाप साथ इन प्रश्न:

- क्या सच है बनना स्पष्ट में आपका ज़िंदगी वह आप हैं फिर भी बचना?
- कहाँ है ईश्वर निकाला गया आपका बहाने लेकिन आप पास होना नहीं अभी तक जवाब नहीं दिया?
- हैं आप खड़े में प्रकाश—या खड़े पास में यह?

होना ईमानदार। ईश्वर है पहले से ही बोल रहा हूँ।

कार्रवाई के लिए आज्ञाकारिता

आज, करना नहीं पूछना ईश्वर के लिए अधिक स्पष्टता। उससे **हिम्मत** मांगो ।

- पहचान करना एक क्षेत्र कहाँ सच है बनना अचूक
- बोलना यह जोर को ईश्वर

- कहना यह प्रार्थना धीरे से:

  "भगवान, मैं इच्छा नहीं अब टालना क्या आप पास होना बनाया स्पष्ट।"

तब लेना एक कदम का आज्ञाकारिता—हालाँकि छोटा - *आज*.

समूह बहस प्रश्न

1. क्यों करता है स्पष्टता कभी-कभी बढ़ोतरी प्रतिरोध बजाय का आज्ञाकारिता?
2. कैसे कर सकना निकटता को सच बनाएं माया का आस्था?
3. क्या ह ◌ा◌ेती है कब विश्वासियों अवशेष कच्चा पक्का के लिए बहुत लंबा?

प्रार्थना

पिता, मैं अपराध स्वीकार करना वह वहाँ हैं सत्य मैं पास होना खड़ा हुआ पास में लेकिन नहीं कदम रखा पट्टी में दूर प्रत्येक क्षमा वह रखता है मुझे से आज्ञाकारिता।

मुझे हिम्मत दो जहाँ पहले से ही क्लैरिटी मौजूद है।

चुनना रोशनी ऊपर आराम, सच ऊपर देरी. आमीन.

भविष्यवाणी घोषणा

मैं सच का जवाब आज्ञाकारिता से देता

हूँ। अब मैं दुविधा में नहीं छिपता।

रोशनी का ईश्वर नेतृत्व मेरा आज , मैं प्रभु

को चुनता हूँ।

प्रतिबद्धता को आज्ञाकारिता

आज, मैं प्रतिबद्ध को जवाब देना कहाँ ईश्वर है बोला साफ़ तौर पर।

मैं न्यूट्रैलिटी और देरी को मना करता हूँ।

मैं चुनना आज्ञाकारिता अब।

देखना आगे को दिन छह

कब सच बन गया अपरिहार्य, अगस्टीन पहुँच गया ए टूटने के बिंदु—नहीं का आस्था, लेकिन का **ताकत** ।

कल हम इच्छा चेहरा ए वास्तविकता अनेक विश्वासियों सामना करना:

क्या ह ◌ा◌ेती है कब इच्छा चाहता हे को आज्ञा मानो—लेकिन महसूस करता शक्तिहीन को करना

इसलिए?

दिन छह

जब इच्छाशक्ति और कृपा विफल हो जाती है अवश्य हस्तक्षेप करना

K ईवाई केंद्र शास्त्रों

"को इच्छा है उपस्थित साथ मुझे, लेकिन कैसे को अभिनय करना क्या है अच्छा मैं करना नहीं

खोजो।"

—रोमनों 7:18

"मेरा अनुग्रह है पर्याप्त के लिए आप, के लिए मेरा ताकत है बनाया उत्तम कमजोरी में।"

—2 कुरिन्थियों 12:9

"क्योंकि परमेश्वर ही है जिसने तुम्हारे अन्दर अपनी भलाई के लिये इच्छा और काम, द बातें उत्पन्न की हैं।" आनंद।"

—फिलिप्पियों 2:13

"नहीं एक कर सकना आना को मुझे जब तक पिता कौन भेजा मुझे खींचता उसे।"

—जॉन 6:44

ऑगस्टीन का रहते थे पल

ऑगस्टीन आज्ञा मानना चाहता

था। यही समस्या थी।

उसका दिमाग था कायल। उसका अंतरात्मा की आवाज था जागना। उसका इच्छा के लिए ईश्वर असली था . अभी तक कब वह कोशिश की को परिवर्तन, वह की खोज की ए

दर्दनाक सच: **इच्छा अकेले काफी नहीं था** .

वह सकना नाम क्या था ठीक है. वह

सकना व्याख्या करना क्या था सच है.

वह पवित्रता की चाहत कर सकता

था.

लेकिन वह सकना नहीं बनाना वह स्वयं मुक्त।

इच्छा था जागृत—लेकिन ताकत था नहीं पहुँचा।

यह वह जगह है जहाँ बहुत से विश्वासी निराश हो जाते हैं। वे नाकाबिलियत को झूठ और कमज़ोरी को पाखंड समझ लेते हैं। ऑगस्टीन ने कुछ सीखा अलग: यह पल था नहीं विफलता—यह था **तैयारी** ।

ज़िंदगी पाठ

संकलप शक्ति नही सकता उत्पादन करना परिवर्तन.

इंजील कभी नहीं वादे वह हम इच्छा आज्ञा का पालन करना के माध्यम से ताकत का संकल्प। यह वादा करता है कि परमेश्वर खुद हमारे अंदर काम करता है— आज्ञा मानने की इच्छा *और* क्षमता दोनों।

पल संकलप शक्ति विफल रहता है है नहीं अंत का यात्रा। यह है अक्सर कृपा का द्वार।

अनुग्रह है नहीं ईश्वर मदद करना आप कोशिश और जोर से।

अनुग्रह है ईश्वर कर रहा है में आप क्या आप नही सकता करना अपने आप को।

जब तक हम पहुँचना अंत का हम स्वयं, हम अक्सर गलत समझना अनुग्रह।

आईना पल (निजी प्रतिबिंब)

बैठना चुपचाप साथ इन प्रश्न:

- कहाँ पास होना आप कोशिश की को आज्ञा का पालन करना ईश्वर में आपका अप ताकत?
- क्या आदत या नमूना है विरोध आपका श्रेष्ठ प्रयास?
- क्या आपने कमज़ोरी को न्योता मानने के बजाय अयोग्यता माना है ?

होना ईमानदार। यह है पवित्र मैदान।

कार्रवाई के लिए आज्ञाकारिता

आज, रुकना कोशिश कर रहा को जीतना क्या ईश्वर चाहता हे को **ढोना** ।

- पहचान करना एक क्षेत्र कहाँ आप अनुभव करना शक्तिहीन
- बोलना यह जोर को ईश्वर बिना आत्म- आरोप
- प्रार्थना करना यह धीरे से वाक्य :

"भगवान, मैं नही सकता करना यह बिना आप।"

तब आराम। अनुग्रह काम करता है श्रेष्ठ कहाँ प्रयास रुक जाता है.

समूह बहस प्रश्न

1. क्यों करना हम प्रतिरोध करना स्वीकार कमजोरी?
2. कैसे करता है स्व-प्रयास बिगाड़ना हमारा समझ का अनुग्रह?
3. क्या करता है यह अर्थ के लिए ईश्वर को काम में हम दोनों को इच्छा और को करना?

प्रार्थना

पिता, मैं अपराध स्वीकार करना वह मैं पास होना कोशिश की को आज्ञा का
पालन करना आप साथ मेरा अपना ताकत. मैं पास होना भरोसा पर संकलप
शक्ति कहाँ मैं आवश्यकता है अनुग्रह।
मैं लाना आप मेरा कमजोरी—नहीं जैसा एक क्षमा, लेकिन जैसा एक
मुझमें वो कर जो मैं खुद नहीं कर सकता ।
आमीन।

भविष्यवाणी घोषणा

मैं करना नहीं भरोसा करना पर मेरा
अपना शक्ति। भगवान मेरे अंदर काम
कर रहे हैं।
कृपा वह कर रही है जो इच्छाशक्ति नहीं कर सकती थी ।
पूर्वाह्न प्राणी तब्दील द्वारा भगवान का शक्ति।

प्रतिबद्धता को आज्ञाकारिता

आज, मैं मुक्त करना आत्म-प्रयास।
मैं निर्भर करना पूरी तरह पर अनुग्रह का ईश्वर।
मैं इच्छा अनुमति दें ईश्वर को काम में मुझे दोनों को इच्छा और को करना।

देखना आगे को दिन सात

ऑगस्टीन का दरार किया नहीं आना के माध्यम से प्रयास—यह आया के माध्यम से **रुकावट** .

कल हम इच्छा सामना करना ए परिभाषित पल:

कब ईश्वर बोलता है, और प्रतिरोध ढह जाता है।

दिन सात

ले लो और पढ़ो: जब भगवान संघर्ष में बाधा डालते हैं

K **ईवाई केंद्र शास्त्रों**

"आपका शब्द है ए चिराग को मेरा पैर और ए रोशनी को मेरा पथ।"

— भजन 119:105

"के लिए शब्द का ईश्वर है जीविका और ताकतवर... ए समझने वाला का दिल के विचार और इरादे।"

— इब्रा 4:12

"इसलिए तब आस्था आता है द्वारा सुनवाई, और सुनवाई द्वारा शब्द का ईश्वर।"

— रोमनों 10:17

"आज, अगर आप इच्छा सुनो उसका आवाज़, करना नहीं कठोर बनाना तुम्हारे दिल।"

— इब्रा 3:15

ऑगस्टीन का रहते थे पल

ऑगस्टीन अपने आखिरी पड़ाव पर पहुँच चुके थे।

अब वे सच पर बहस नहीं कर रहे थे।

वह था नहीं अब स्थगित आज्ञाकारिता।

वह था नहीं अब नाटक ताकत वह किया नहीं पास होना।

वह रोया—इसलिए नहीं कि उसे परमेश्वर पर शक था, बल्कि इसलिए कि वह खुद को बदल नहीं सका।

और तब ईश्वर बाधित। गरज के

साथ नहीं।

तर्क के साथ नहीं। साथ
स्पष्टीकरण. आवाज़ के
साथ.
"लेना और पढ़ना।"

आज्ञा था सरल। यह की पेशकश की नहीं आराम, नहीं बातचीत, कोई तर्क नहीं. यह किया नहीं पूछना अगस्टीन को अनुभव करना केवल पढ़ें को जवाब देना।

अनुग्रह करता है नहीं हमेशा आना जैसा

राहत। कभी-कभी यह **दिशा के रूप में**

आती है ।

ज़िंदगी पाठ

दरार अक्सर आता है कब प्रयास समाप्त होता है.

भगवान का शब्द है नहीं केवल जानकारी यह है **हस्तक्षेप** । इंजील यह सिर्फ़ निर्देश नहीं देता; यह अंदर की उथल-पुथल को रोकता है और इच्छाशक्ति को ठीक करता है।

ऑगस्टीन का संघर्ष किया नहीं अंत क्योंकि वह अंत में कोशिश की और जोर से। यह समाप्त हो गया क्योंकि ईश्वर बोला, और अगस्टीन जवाब दिया.

कब ईश्वर बोलता है, आज्ञाकारिता बन जाता है संभव—नहीं क्योंकि ताकत दिखाई देती है, लेकिन क्योंकि अनुग्रह सक्रिय करता है.

आईना पल (निजी प्रतिबिंब)

होना फिर भी साथ इन प्रश्न:

- कहाँ पास होना आप पहुँच गया अंत का आपका अपना ताकत?
- क्या सरल अनुदेश हो सकता है ईश्वर पहले से होना दे रही है आप?
- हैं आप इंतज़ार में के लिए राहत कब ईश्वर है की मांग कर रहा जवाब के लिए ?

करना नहीं जल्दबाज़ी करना। सुनना।

कार्रवाई के लिए आज्ञाकारिता

आज, अनुमति दें भगवान का शब्द को रुकावट डालना आप।

- तय करना अलग 15 मिनट बिना distractions
- खुला इंजील-नहीं को अध्ययन, लेकिन को **सुनो**
- पूछना पवित्र आत्मा:

  "क्या हैं आप की मांग कर रहा मुझे को करना?"

कब स्पष्टता आता है, कार्य—बिना देरी।

समूह बहस प्रश्न

1. क्यों करता है ईश्वर अक्सर बोलना केवल पर निर्णयक पल?
2. कैसे कर सकना इंजील समारोह जैसा व्यवधान की अपेक्षा बजाय जानकारी?

3. क्या रखता है हम से जवाब तुरंत कब ईश्वर बोलता है?

प्रार्थना

पिता, मैं धन्यवाद आप वह आप बोलना कब मैं पूर्वाह्न कमज़ोर.

बीच में मेरा प्रयास साथ आपका शब्द।

देना मुझे कान को सुनो और साहस को जवाब दें। मैं

चुनना आज्ञाकारिता कब आप बोलना।

आमीन।

भविष्यवाणी घोषणा

भगवान की आवाज़ सुनता हूँ।

शब्द निर्देशन मेरा कदम.

संघर्ष देता है रास्ता को आज्ञाकारिता।

अनुग्रह अधिकार मेरा प्रतिक्रिया।

प्रतिबद्धता को आज्ञाकारिता

आज, मैं प्रतिबद्ध को जवाब देना कब ईश्वर मैं देरी या

बातचीत नहीं करूंगा ।

मैं इच्छा आज्ञा का पालन करना शब्द मैं सुनो।

देखना आगे को दिन आठ

ऑगस्टीन के व्यवधान से **निर्णय** हुआ — लेकिन निर्णय से

त्याग .

कल हम इच्छा सामना होना लागत का आज्ञाकारिता:

क्या अवश्य गिरना दूर कब अनुग्रह लेता है पकड़ना?

दिन आठ

जब अनुग्रह त्याग की मांग करता है

K **ईवाई केंद्र शास्त्रों**

"अगर कोई भी इच्छाएँ को आना बाद मुझे, होने देना उसे अस्वीकार करना वह स्वयं, और लेना उसके ऊपर पार करना दैनिक, और अनुसरण करना मुझे।"

— ल्यूक 9:23

"रखना बंद, विषय में आपका पूर्व आचरण, पुराना आदमी कौन भ्रष्ट होता जाता है अनुसार को छल से वासनाएँ।"

— इफिसियों 4:22

"लेकिन जो कुछ भी चीज़ें थे पाना को मुझे, इन मैं पास होना गिना नुकसान के लिए मसीह।"

— फिलिप्पियों 3:7–8

"होने देना हम बिछाना अलग प्रत्येक वज़न, और पाप कौन इसलिए आसानी से फँसाता है हम।"

— इब्रा 12:1

ऑगस्टीन का रहते थे पल

कब अनुग्रह अंत में टूट गया के माध्यम से, **अगस्टीन का हिप्पो** किया नहीं केवल माफ़ महसूस करो ।

वह **बदल गया दिशा** ।

अनुग्रह किया नहीं मोल-भाव करना साथ उसका पुराना ज़िंदगी। यह किया नहीं प्रस्ताव सह-अस्तित्व। यह मांग की त्याग। अगस्टीन समझा वह समर्पण मतलब आंतरिक सहमति से कहीं अधिक - इसके लिए पैटर्न, महत्वाकांक्षाओं से स्पष्ट अलगाव की आवश्यकता थी, और संलग्नक वह सकना नहीं अब अवशेष।

यह था नहीं सज़ा. यह

अलाइनमेंट था.

अनुग्रह था मुक्त किया गया उसे, लेकिन स्वतंत्रता आवश्यक मुक्त करना।

ज़िंदगी पाठ

अनुग्रह करता है नहीं केवल बचाव—यह पुनः आदेश।

त्याग है नहीं कीमत हम वेतन के लिए अनुग्रह; यह है **फल** का अनुग्रह। जब परमेश्वर दिल को थाम लेता है, तो कुछ चीज़ें अपनी जगह पर नहीं रह पातीं— इसलिए नहीं कि वे दिखने में हमेशा पापी लगती हैं, बल्कि इसलिए कि वे अधिकार के लिए मुकाबला करती हैं।

त्याग जवाब एक सवाल स्पष्ट रूप से:

कौन है में शुल्क अब?

क्या हम अस्वीकार करना को मुक्त करना अंततः तैयार नहीं हमारा आज्ञाकारिता।

आईना पल (निजी प्रतिबिंब)

बैठना ईमानदारी से साथ इन प्रश्न:

- क्या किया अनुग्रह मुक्त आप से वह आप हैं फिर भी पकड़े पर?
- क्या कोई ऐसा रिश्ता, आदत या इच्छा है जो परमेश्वर के अधिकार से मुकाबला करती हो?
- क्या है ईश्वर पहले से पर प्रकाश डाला जैसा ए "वज़न," नहीं अभी ए पाप?

करना नहीं औचित्य। सुनना।

कार्रवाई के लिए आज्ञाकारिता

आज, जानबूझकर अभ्यास करें त्याग।

- पहचान करना **एक चीज़** ईश्वर है की मांग कर रहा आप को मुक्त करना
- नाम यह स्पष्ट रूप से पहले उसे
- लेना ए मूर्त कदम को छुड़ाना से यह

त्याग बन जाता है असली कब यह है अभिनय किया ऊपर।

समूह बहस प्रश्न

1. क्यों करता है त्याग अनुभव करना पसंद नुकसान यहां तक की कब यह नेतृत्व को

स्वतंत्रता?

2. कैसे कर सकना अच्छा चीज़ें बनना वज़न?
3. क्या है अंतर बीच में प्रबंध पाप और सूली पर चढ़ाना यह?

प्रार्थना

पिता, मैं धन्यवाद आप के लिए अनुग्रह वह है मेरे पास पहुँच गया ।
देना मुझे साहस को मुक्त करना क्या नहीं अब अंतर्गत आता है में मेरा
ज़िंदगी में, मैं अटैचमेंट के बजाय अलाइनमेंट चुनता हूँ।
मैं समर्पण पूरी तरह से—नहीं आंशिक
रूप से। आमीन।

भविष्यवाणी घोषणा

अनुग्रह को नियंत्रित करता है मेरा ज़िंदगी।
प्रत्येक प्रतिस्पर्धा लगाव है हार इसका पकड़ना।
मैं टहलना मुक्त क्योंकि मैं पास होना जारी किया क्या एक बार
अवश्यंभावी मैं. केवल मसीह ही प्रभु है.

प्रतिबद्धता को आज्ञाकारिता

आज, मैं छोड़ना क्या ईश्वर है पहचान लिया। मैं उस चीज़ से नहीं चिपका रहूंगा जो कृपा से दूर हो गई है। मैं चुनना स्वतंत्रता के माध्यम से समर्पण।

देखना आगे को दिन नौ

कल **भरना** होगा । हम इच्छा अन्वेषण करना क्या इस प्रकार
मुक्त करना:

क्या ह ाेती है कब ईश्वर शुरू होता है को पुनः व्यवस्थित इच्छा और निर्माण विषय?

दिन नौ

जब परमेश्वर इच्छाओं को पुनः व्यवस्थित करता है और नई आदतें बनाता है

K **ईवाई केंद्र शास्त्रों**

"आनंद अपने आप को भी में भगवान, और वह करेगा देना आप तुम्हारे हृदय की इच्छाएँ।"

— भजन 37:4

"होना तब्दील द्वारा का नवीकरण का आपका दिमाग।"

— रोमनों 12:2

"वे कौन संबंधित को ईसा मसीह यीशु पास होना सूली पर चढ़ाया गया माँस साथ इसका जुनून और इच्छाएँ।"

— गलाटियन्स 5:24

"अनुशासन अपने आप को के लिए उद्देश्य का भक्ति।"

— 1 टिमोथी 4:7

ऑगस्टीन का रहते थे पल

त्याग के बाद, **ऑगस्टीन का हिप्पो ने** यह नहीं माना कि लड़ाई खत्म हो गई है।

अनुग्रह था मुक्त किया गया उसे—लेकिन स्वतंत्रता था को होना **बनाया** ।

पुराना इच्छाएँ किया नहीं गायब होना रात भर. अंतर था वह वे अब और नहीं शासन किया. अगस्टीन समझा वह ईश्वर करता है नहीं केवल निकालना पापी इच्छा; वह **प्रेम को फिर से व्यवस्थित करता है** । जो कभी दिल पर हावी था, वह किसी चीज़ से हट जाता है अधिक.

यह पुनः क्रम आवश्यक इरादा। अगस्टीन गले लगा लिया प्रार्थना, धर्मग्रंथ, और अनुशासित लय—धार्मिक ज़िम्मेदारी के तौर पर नहीं, बल्कि नई सोच को आकार देने के लिए कृपा के रास्ते के तौर पर।

स्वतंत्रता था अब प्राणी प्रशिक्षित.

ज़िंदगी पाठ

ईश्वर बदल देती है हम द्वारा पुनः आकार देने क्या हम प्यार।

इच्छा गायब नहीं होती—उसे दूसरी जगह भेज दिया जाता है। ईसाई जीवन इच्छा को दबाना नहीं है, बल्कि पवित्र स्नेह को बढ़ाना है। जो चीज़ दिल को जीत लेती है, वही आखिर में व्यवहार को कंट्रोल करती है।

नई आदतें कृपा पाने की कोशिश नहीं हैं। वे हैं

जवाब को अनुग्रह।

अनुशासन बनाता है अंतरिक्ष के लिए इच्छा को परिवर्तन।

आईना पल (निजी प्रतिबिंब)

प्रतिबिंबित होना प्रार्थनापूर्वक:

- क्या इच्छाएँ है ईश्वर पहले से शुरू कर दिया को बदलाव में आप?
- कौन पुराना आदतें हैं नहीं अब शासन, लेकिन फिर भी उपस्थित?
- क्या नया आचरण सकना को मजबूत आपका संरेखण साथ ईश्वर?

करना नहीं घृणा छोटा शुरुआत. गठन है क्रमिक।

कार्रवाई के लिए आज्ञाकारिता

आज, स्थापित करना **एक पवित्र आदत** .

चुनें एक:

- ए तय करना समय के लिए प्रार्थना
- दैनिक इंजील पढ़ना
- मौन और प्रतिबिंब
- जान-बूझकर जवाबदेही

प्रतिबद्ध को यह के लिए अगला सात दिन—नहीं पूरी तरह से, लेकिन ईमानदारी से.

समूह बहस प्रश्न

1. क्यों करता है अनुशासन अनुभव करना प्रतिबंधक पहले यह महसूस करता मुक्त करना?

2. कैसे करना आदतें आकार इच्छा अधिक समय तक?
3. क्या आचरण पास होना अधिकांश मदद की आप अवशेष गठबंधन साथ ईश्वर?

प्रार्थना

पिता, धन्यवाद आप के लिए मुक्त मुझे द्वारा आपका अनुग्रह।

पढ़ाना मुझे को प्यार क्या आप प्यार।

मेरी इच्छाओं को फिर से व्यवस्थित करें और मेरी प्रवृत्ति को ईश्वरीय भक्ति की ओर प्रशिक्षित करें। आदतें में मेरा ज़िंदगी वह रखना मुझे गठबंधन साथ आप।

आमीन।

भविष्यवाणी घोषणा

मेरा इच्छाएँ हैं प्राणी पुनर्क्रमित द्वारा हे भगवान! मुझे सबसे ज़्यादा प्रभु में आनंद आता है।

नई आदतें बन रही हैं जो मेरे विश्वास को मज़बूत कर रही हैं। मैं रोज़ बदल रहा हूँ।

प्रतिबद्धता को आज्ञाकारिता

आज, मैं प्रतिबद्ध को अनुशासित संरेखण।

मैं इच्छा खेती आदतें वह पोषण मेरा भक्ति को भगवान! मैं जान-पहचान के बजाय सीखना चुनता हूँ।

देखना आगे को दिन दस

जैसा ऑगस्टीन का इच्छाएँ थे पुनःक्रमित, ईश्वर शुरू किया को **सौंपना उसे ज़िम्मेदारी के साथ** .

कल हम इच्छा अन्वेषण करना ए गंभीर सचः

स्वतंत्रता है नहीं अंत—प्रबंधन इस प्रकार अनुग्रह।

दिन दस

जब अनुग्रह जिम्मेदारी सौंपता है

K **ईवाई केंद्र शास्त्रों**

"को किसको अधिकता है दिया गया, से उसे अधिकता इच्छा होना आवश्यक।"

— ल्यूक 12:48

"इसके अतिरिक्त यह है आवश्यक में प्रबंधकों वह एक होना मिला वफादार।"

— 1 कुरिन्थियों 4:2

"होना कर्ता का शब्द, और नहीं श्रोताओं केवल।"

— जेम्स 1:22

"हम हैं राजदूतों के लिए मसीह।"

— 2 कुरिन्थियों 5:20

ऑगस्टीन का रहते थे पल

जैसा अनुग्रह पुनर्क्रमित उसका इच्छाएँ और स्थिर उसका आज्ञाकारिता, **अगस्टीन हिप्पो का** नया सीज़न शुरू हो गया है।

ईश्वर शुरू किया को **सौंपना उसे साथ ज़िम्मेदारी** ।

ऑगस्टीन ने असर नहीं चाहा। उन्होंने वफ़ादारी चाही। फिर भी बदलाव के बाद ज़िम्मेदारी आई। उनकी बातों का वज़न था। उनके व्यवहार पर ध्यान दिया गया। उनकी बात मानने का असर दूसरों पर पड़ने लगा।

ग्रेस ने न सिर्फ़ उसे बचाया था, बल्कि

उसे सही जगह भी पहुंचाई थी।

यह बदलाव गंभीर था। ऑगस्टीन समझ गए थे कि आज़ादी का मतलब इजाज़त

नहीं है को रहना लापरवाही से—यह था ए पुकारना को रहना **सावधानी से** । उसका ज़िंदगी था नहीं अब यह प्राइवेट नहीं था। इसे पढ़ा जा रहा था।

ज़िंदगी पाठ

अनुग्रह हमेशा नेतृत्व को प्रबंधन।

ईश्वर करता है नहीं मुक्त हम इसलिए हम कर सकना वापस करना को आत्म निर्देशित जीविका। वह को मुक्त कर देते हम ताकि हम उसे अच्छी तरह से दिखा सकें। कृपा के हर तोहफ़े में एक काम होता है—चाहे वह दिखे या छिपा हुआ।

ज़िम्मेदारी दबाव नहीं है। यह

भरोसा है।

जब परमेश्वर ज़िम्मेदारी सौंपता है, तो वह पूर्णता की माँग नहीं कर रहा है - वह **वफादारी** का आह्वान कर रहा है ।

आईना पल (निजी प्रतिबिंब)

प्रतिबिंबित होना ईमानदारी से:

- कहाँ है ईश्वर पहले से सौंपा आप साथ प्रभाव?
- कौन है प्रभावित द्वारा आपका आज्ञाकारिता या आज्ञा का उल्लंघन?
- पास होना आप इलाज अनुग्रह जैसा राहत बजाय का ज़िम्मेदारी?

होने देना इन प्रश्न खोज आपका दिल।

कार्रवाई के लिए आज्ञाकारिता

आज, पहचान करना **एक क्षेत्र का परिचारक का पद** में

आपका जीवन. यह हो सकता है:

- ए संबंध
- ए भूमिका
- ए उपहार
- ए गवाही

पूछना ईश्वर:

"कैसे कर सकना मैं प्रतिनिधित्व करना आप ईमानदारी से यहाँ?"

तब लेना एक जान-बूझकर कार्रवाई वह दर्शाता मसीह.

समूह बहस प्रश्न

1. क्यों करना हम कभी-कभी प्रतिरोध करना ज़िम्मेदारी बाद स्वतंत्रता?
2. कैसे करता है परिचारक का पद अलग होना से दबाव?
3. क्या करता है यह अर्थ को रहना जैसा ए दृश्यमान प्रतिनिधि का मसीह?

प्रार्थना

पिता, धन्यवाद आप के लिए अनुग्रह वह है बदल गया मुझे।

पढ़ाना मुझे को ढोना ज़िम्मेदारी साथ विनम्रता और वफ़ादारी। मदद मुझे प्रतिनिधित्व करना आप कुंआ में प्रत्येक जगह आप पास होना सौंपा को मुझे. मैं चुनना परिचारक का पद ऊपर सुविधा।

आमीन।

भविष्यवाणी घोषणा

मैं पूर्वाह्न ए वफादार प्रबंधक का भगवान का अनुग्रह।

मैं जहाँ भी रहूँ, मेरा जीवन मसीह को दिखाता है। ज़िम्मेदारी

मेरी आज्ञाकारिता को और बेहतर बनाती है।

मैं रहना जैसा एक राजदूत का मसीह.

प्रतिबद्धता को आज्ञाकारिता

आज, मैं प्रतिबद्ध को वफादार प्रबंधन।

मैं इच्छा रहना जानबूझकर, जानने मेरा ज़िंदगी है पढ़ना द्वारा

दूसरों. मैं चुनना भक्ति में क्या ईश्वर है सौंपा को मुझे।

देखना आगे को दिन ग्यारह

जैसा ज़िम्मेदारी बढ़ा हुआ, अगस्टीन की खोज की ए नया चुनौती:

कैसे करना आप अवशेष विनम्र कब प्रभाव बढ़ता है?

कल हम इच्छा सामना होना ए जटिल खतरा:

कब उपयोगिता की धमकी निर्भरता पर ईश्वर।

दिन ग्यारह

खतरा का बिना उपयोगिता निर्भरता

K **ईवाई केंद्र शास्त्रों**

"बिना मुझे आप कर सकना करना कुछ नहीं।"

— जॉन 15:5

"होने देना उसे कौन सोचता है वह खड़ा लेना सावधानी ऐसा न हो कि वह गिरना।"

— 1 कुरिन्थियों 10:12

"हम पास होना यह खज़ाना में मिट्टी का वाहिकाओं, वह उत्कृष्टता का शक्ति हो सकती है होना का ईश्वर और नहीं का हम।"

— 2 कुरिन्थियों 4:7

"नहीं वह हम हैं पर्याप्त का हम स्वयं... लेकिन हमारा प्रचुरता है से ईश्वर।"

— 2 कुरिन्थियों 3:5

ऑगस्टीन का रहते थे पल

जैसा ज़िम्मेदारी बढ़ा हुआ, **अगस्टीन का हिप्पो** बन गया अधिक उपयोगी।

लोग सुना. ज़िंदगियाँ

थे आकार दिया।

सत्य था स्पष्ट किया.

और वह था एकदम सही खतरा।

ऑगस्टीन समझ गए थे कि अगर सावधानी खत्म हो जाए तो काम की चीज़ें चुपचाप निर्भरता की जगह ले सकती हैं। भगवान जो तोहफ़े देते हैं, वे खुद भगवान की जगह ले सकते हैं। असर निराशा को कम कर सकता है। सच से जान-पहचान कृपा की

भूख को कम कर सकती है।

अगस्टीन विरोध यह अभिप्राय जानबूझकर. वह याद आ गई बहुत स्पष्ट रूप से वह बिना कृपा के था। उसने परमेश्वर की उपस्थिति से ज़्यादा अपनी समझ पर भरोसा करने से इनकार कर दिया।

काम की बात ने उसे इम्प्रेस नहीं किया।

डिपेंडेंस ने उसे जकड़ रखा था।

ज़िंदगी पाठ

ईश्वर इच्छाएँ निर्भरता अधिक बजाय उपयोगिता।

परिपूर्णता बिना निर्भरता है अस्थिर. इंजील यह सिखाती है कि डाली मेहनत से फल नहीं देती, बल्कि बेल से जुड़े रहने से फल देती है।

उपयोगिता बन जाता है खतरनाक कब:

- हम भरोसा करना पर उपहार बजाय का अनुग्रह
- हम विकल्प गतिविधि के लिए आत्मीयता
- हम विश्वास अनुभव अधिक बजाय ईश्वर

निर्भरता चैनल को खुला रखती है। इसके बिना, अच्छे काम भी खोखले हो जाते हैं।

आईना पल (निजी प्रतिबिंब)

प्रतिबिंबित होना सावधानी से:

- कहाँ है ईश्वर बनाया आप असरदार या फलदायी?
- है प्रभावशीलता कम किया हुआ आपका समझ का ज़रूरत के लिए ईश्वर?
- हैं आप भरोसा पर अतीत मुठभेड़ों बजाय का उपस्थित निर्भरता?

होने देना इन प्रश्न पुनः अंशांकित करना आपका दिल।

कार्रवाई के लिए आज्ञाकारिता

आज, अभ्यास **जान-बूझकर निर्भरता** .

- विराम पहले प्रत्येक महत्वपूर्ण कार्य
- स्वीकार करना ईश्वर मौखिक रूप से:

  "भगवान, मैं ज़रूरत आप के लिए यह।"
- अस्वीकार करना को भरोसा करना अकेले पर

अनुभव या कौशल निर्भरता है नहीं कमजोरी—यह है बुद्धि।

समूह बहस प्रश्न

1. क्यों करता है उपयोगिता अक्सर कमजोर निर्भरता?
2. कैसे कर सकना आध्यात्मिक सफलता बनाएं आध्यात्मिक भेद्यता?
3. क्या आचरण मदद बनाए रखना आत्मीयता साथ ईश्वर ज़िम्मेदारी के बीच ?

प्रार्थना

पिता, मैं अपराध स्वीकार करना वह मैं कभी-कभी भरोसा करना पर क्या आप पास होना दिया गया मुझे आप पर नहीं ।

पुनर्स्थापित करना मेरा निर्भरता।

पढ़ाना मुझे को अवशेष जुड़े हुए को आप में सभी मैं

आज़ादी के बजाय अपनापन चुनता हूँ ।

आमीन।

भविष्यवाणी घोषणा

मैं अवशेष आश्रित पर ईश्वर।

मेरा प्रचुरता है नहीं में मेरा क्षमता लेकिन में उसका कृपा।

फल करीबी से मिलता है, कोशिश से नहीं।

मैं पालन करना में ईसा मसीह दैनिक।

प्रतिबद्धता को आज्ञाकारिता

आज, मैं प्रतिबद्ध को बाध्य होना में मसीह.

मैं इच्छा नहीं विश्वास मेरा उपयोगिता अधिक बजाय भगवान का

उपस्थिति. मैं चुनना निर्भरता पर प्रत्येक अवस्था का

फलदायकता.

देखना आगे को दिन बारह

जैसा अगस्टीन जस आश्रित, ईश्वर अनुमत उसे को चेहरा उपयोगिता या विफलता से कहीं अधिक गहरा:

सुधार।

कल हम इच्छा सामना होना ए परिष्कृत सच:

कैसे करता है ए वफादार नौकर प्राप्त करें सुधार बिना प्रतिरोध?

दिन बारह

जब परमेश्वर उन लोगों को सुधारता है जिन पर वह भरोसा करता है

K **ईवाई केंद्र शास्त्रों**

"के लिए किसको भगवान प्यार वह दंडित करता है, और गंभीर संकट प्रत्येक पुत्र जिसे वह प्राप्त करता है।"

— इब्रा 12:6

"जैसा अनेक जैसा मैं प्यार, मैं फटकार और दंडित करना। इसलिए होना उत्साही और पश्चाताप करो।"

— रहस्योद्घाटन 3:19

"होने देना ए न्याय परायण आदमी हड़ताल मुझे; यह करेगा होना ए दयालुता।"

— भजन 141:5

"हर एक पवित्रशास्त्र परमेश्वर की प्रेरणा से रचा गया है और उपदेश के लिये लाभदायक है, क्योंकि फटकार, के लिए सुधार, के लिए अनुदेश में धार्मिकता।"

— 2 टिमोथी 3:16

ऑगस्टीन का रहते थे पल

जैसे-जैसे **हिप्पो के ऑगस्टीन का असर और ज़िम्मेदारी बढ़ती गई, भगवान ने** उनकी ज़िंदगी से सुधार को नहीं हटाया।

वह **बढ़ा हुआ यह** ।

सुधार आया के माध्यम से धर्मग्रंथ।

भरोसेमंद आवाज़ों के ज़रिए।

के माध्यम से परिस्थितियाँ वह अनावृत अंधा धब्बे.

ऑगस्टीन ने सुधार को रिजेक्शन नहीं माना। उन्होंने इसे **सबूत माना। का विश्वास** । ईश्वर करेक्ट्स क्या वह का इरादा रखता है को रखना। वह विषयों वह क्या उपयोग करने की योजना बना रहा है।

विरोध करने के बजाय, ऑगस्टीन झुक गया।

सुधार किया नहीं घटाना उसका अधिकार को

बेहतर बनाया।

ज़िंदगी पाठ

सुधार है ए संकेत का पुत्रत्व, नहीं असफलता।

जिन्हें परमेश्वर बिना सुधारे छोड़ देता है, वे तैयार नहीं हो रहे हैं—उन्हें सुधारा जा रहा है बाएं अकेला। इंजील बनाता है यह स्पष्ट: सुधार है सबूत का संबंध।

आध्यात्मिक परिपक्वता है नहीं दिखाया गया द्वारा अनुपस्थिति का सुधार, लेकिन द्वारा **प्रतिक्रिया** को यह।

सुधार से घमंड कम होता है, समझ बढ़ती है, और काम करने की क्षमता बनी रहती है।

आईना पल (निजी प्रतिबिंब)

प्रतिबिंबित होना ईमानदारी से:

- कैसे करना आप आम तौर पर जवाब देना को सुधार?
- करना आप प्राप्त करें फटकार बचाव या समझदारी से?
- है ईश्वर गया पर प्रकाश डाला एक क्षेत्र वह आवश्यक है एडजस्टमेंट?

करना नहीं जल्दबाज़ी करना अतीत दृढ़ विश्वास। प्राप्त करें यह जैसा प्यार।

कार्रवाई के लिए आज्ञाकारिता

आज, अभ्यास **सिखाने योग्यता** .

- आमंत्रित करना ईश्वर को खोज आपका दिल (भजन 139:23–24)
- सुनना सावधानी से को इंजील और वकील
- अगर सुधार है स्पष्ट, जवाब देना बिना देरी

सुधार भालू फल कब यह है अभिनय किया ऊपर।

समूह बहस प्रश्न

1. क्यों करता है सुधार अनुभव करना धमकी को अहंकार?
2. कैसे कर सकना सुधार संरक्षित करना दीर्घकालिक फलदायकता?

3. क्या अलग है धार्मिक सुधार से निंदा?

प्रार्थना

पिता, धन्यवाद आप के लिए प्यार मुझे पर्याप्त को सही मुझे. हटाएँ बचाव से मेरा दिल।

पढ़ाना मुझे को प्राप्त करें अनुदेश साथ विनम्रता और कृतज्ञता।

आकार मुझे में ए जहाज़ आप कर सकना

भरोसा रखो. आमीन.

भविष्यवाणी घोषणा

मैं प्राप्त करें भगवान का सुधार साथ विनम्रता। सुधार मुझे बेहतर बनाता है; यह मुझे ठुकराता नहीं है।

मैं बढ़ना मजबूत के माध्यम से भगवान का प्यार अनुशासन। मैं प्रभु के सामने सीखने लायक रहता हूँ।

प्रतिबद्धता को आज्ञाकारिता

आज, मैं बिना किसी विरोध के सुधार स्वीकार करने का वादा करता हूँ । इच्छा जवाब देना जल्दी से कहाँ ईश्वर दोषियों मुझे।

मैं चुनना विकास ऊपर गर्व।

देखना आगे को दिन तेरह

जैसा अगस्टीन प्रस्तुत को सुधार, ईश्वर शुरू किया को गहरा लीडरशिप और लंबी उम्र के लिए ज़रूरी कुछ:

करुणा।

कल हम इच्छा अन्वेषण करना:

कैसे brokenness **बन जाता है ए स्रोत का कोमलता की अपेक्षा बजाय कड़वाहट.**

दिन तेरह

से brokenness को करुणा

K **ईवाई केंद्र शास्त्रों**

"सौभाग्यपूर्ण हैं दयालु, के लिए वे करेगा प्राप्त दया।"

— मैथ्यू 5:7

"जो शान्ति हमें परमेश्‍वर से मिलती है, उसी से हम भी संकट में पड़े हुओं को शान्ति दें।

— 2 कुरिन्थियों 1:4

"याद करना वे कौन हैं अवश्यंभावी, जैसा अगर अवश्यंभावी साथ उन्हें।"

— इब्रा 13:3

"ए चोट ईख वह इच्छा नहीं तोड़ना।"

— यशायाह 42:3

ऑगस्टीन का रहते थे पल

जैसा **अगस्टीन का हिप्पो** परिपक्च में आस्था, कुछ शांत लेकिन बहुत गहरा हुआ। उसका अतीत रुक गया आरोप लगा वो और शुरू कर दिया **निर्देश उसे** ।

ऑगस्टीन यह नहीं भूले कि वह कौन थे। उन्होंने कृपा को अपनी कहानी को फिर से समझने दिया। वही नाकामियां जो कभी शर्मिंदगी पैदा करती थीं, अब हमदर्दी पैदा करती हैं । वही संघर्ष वह एक बार ग़ुलाम बनाया हुआ उसे अब मदद की उसे पहचानना दर्द दूसरों में .

उन्होंने बिना किसी क्रूरता के गलती

सुधारी। सामना पाप बिना अवमानना।

उन्होंने बिना बेसब्री के कमज़ोरों को रास्ता दिखाया । चंगा

द्वारा अनुग्रह, बन गया करुणा।

ज़िंदगी पाठ

चंगा brokenness का उत्पादन कोमलता, नहीं श्रेष्ठता।

ईश्वर करता है नहीं मिटा हमारा अतीत; वह भुनाता यह। कब brokenness है को प्रस्तुत अनुग्रह, यह बन जाता है ए पुल की अपेक्षा बजाय ए रुकावट। करुणा है जन्म नहीं दूर से नहीं , बल्कि याद से।

वे कौन भूल जाओ कहाँ वे थे बचाया से अक्सर खोना धैर्य दूसरों के साथ .

वे कौन याद करना बनना कोमल बिना बनना अनुमोदक।

आईना पल (निजी प्रतिबिंब)

प्रतिबिंबित होना प्रार्थनापूर्वक:

- क्या पार्ट्स का आपका अतीत है ईश्वर पहले से छुड़ाया गया?
- कहाँ हो सकता है आपका चंगा घाव होना मतलब को सेवा करना दूसरों?
- करना आप सही अन्य साथ धैर्य या निराशा?

पूछना ईश्वर को संरेखित आपका दिल साथ उसका।

कार्रवाई के लिए आज्ञाकारिता

आज, अभ्यास **जान-बूझकर करुणा** ।

- पहचान करना एक व्यक्ति कौन है संघर्षरत
- जवाब देना साथ धैर्य की अपेक्षा बजाय प्रलय
- प्रस्ताव उपस्थिति, प्रार्थना, या प्रोत्साहन

होने देना अनुग्रह प्रवाह जावक जैसा यह एक बार प्रवाहित को आप।

समूह बहस प्रश्न

1. कैसे कर सकना याद आती हमारा अतीत रक्षा करना हम से आध्यात्मिक गर्व?
2. क्या है अंतर बीच में करुणा और समझौता?
3. कैसे करता है ईश्वर उपयोग हमारा कहानियाँ को सेवा करना दूसरों?

प्रार्थना

पिता, धन्यवाद आप के लिए रिडीम मेरा टूटा हुआपन।

सिखाओ मुझे को बढ़ाना वही दया मैं पास होना मिला। मेरे दिल को कठोरता से बचाओ।

होने देना करुणा प्रवाह के माध्यम से मुझे जैसा प्रमाण का आपका कृपा. आमीन.

भविष्यवाणी घोषणा

मेरा दिल दर्शाता दया का ईश्वर।

अनुग्रह है तब्दील मेरा brokenness में करुणा। मैं जवाब देना को अन्य साथ धैर्य और प्यार।

दया मैं पास होना प्राप्त हुआ, मैं आज़ादी देना।

प्रतिबद्धता को आज्ञाकारिता

आज, मैं प्रतिबद्ध को चलना करुणा में .

मैं इच्छा नहीं भूल जाओ कहाँ ईश्वर बचाया मुझे

मुझसे चुनना कोमलता आकार द्वारा सच।

देखना आगे को दिन चौदह

जैसा करुणा गहरा हुआ, अगस्टीन का सामना ए नया तनाव: **कैसे करना आप प्यार लोग गहरा बिना हार स्पष्टता का सच?** कल हम पता लगाएंगे: **होल्डिंग सच और प्यार बिना समझौता।**

दिन चौदह सत्य बोला में

प्यार

K **ईवाई केंद्र शास्त्रों**

"बोला जा रहा है सच में प्यार, हम मई बढ़ना ऊपर में सभी चीज़ें में वह जो मुखिया है—मसीह।"

— इफिसियों 4:15

"होने देना आपका भाषण हमेशा होना साथ अनुग्रह, अनुभवी नमक के साथ ।"

— कुलुस्सियों 4:6

"वफादार हैं घाव का ए दोस्त।"

— कहावत का खेल 27:6

"द बुद्धि वह है से ऊपर है पहला शुद्ध, तब शांतिप्रिय, कोमल।"

— जेम्स 3:17

ऑगस्टीन का रहते थे पल

जैसा **अगस्टीन का हिप्पो** परिपक्व, वह था तेजी बुलाया को गलती का सामना करो, भ्रम, और पाप—दोनों में व्यक्तियों और में गिरजाघर।

वह कड़वी सच्चाई के खतरे को जानता था। भी जानता था खतरा का चुपचाप प्यार।

अगस्टीन था रहते थे पर दोनों पक्ष। वह था एक बार गया संशोधित बिना करुणा के और था विरोध यह। अब, आकार द्वारा अनुग्रह, वह सीखा को बोलना सत्य ए रास्ता वह

आमंत्रित पछतावा की अपेक्षा बजाय रक्षात्मकता।

वह किया नहीं पतला सच को संरक्षित करना शांति। वह किया नहीं हथियार बनाना सच को ज़ोर नियंत्रण। वह बोला जैसा एक कौन था गया ठीक हो गया.

ज़िंदगी पाठ

सत्य और प्रेम एक दूसरे के विपरीत नहीं हैं; वे साथी हैं। प्रेम के बिना सत्य क्रूरता बन जाता है।

प्यार बिना सच बन जाता है समझौता।

आध्यात्मिक परिपक्वता है दिखाया गया नहीं द्वारा टाल मुश्किल बात चिट, लेकिन हम उनसे **कैसे जुड़ते हैं,** इससे पता चलता है। धर्मग्रंथ सिखाते हैं कि विकास तब होता है जब सच को विनम्रता, धैर्य और दूसरे व्यक्ति की रिकवरी के लिए सच्ची चिंता के साथ बोला जाता है।

प्यार **टोन तय करता है** । सच

दिशा तय करता है ।

आईना पल (निजी प्रतिबिंब)

प्रतिबिंबित होना ईमानदारी से:

- करना आप टालना सच को रखना शांति?
- या करना आप बोलना सच बिना संबद्ध के लिए कोमलता?
- कैसे करता है आपका स्वर प्रतिबिंबित होना आपका दिल?

आमंत्रित करना ईश्वर को खोज दोनों आपका शब्द और आपके इरादे।

कार्रवाई के लिए आज्ञाकारिता

आज, अभ्यास **सच्चा प्यार** ।

- पहचान करना एक बातचीत आप पास होना बचना या गलत तरीके से संभाला गया
- प्रार्थना करना के लिए विनम्रता और स्पष्टता
- अगर उपयुक्त, लेना एक कदम की ओर ईमानदार, शालीन संवाद

करना नहीं उद्देश्य को जीतना। उद्देश्य को पुनर्स्थापित करना।

समूह बहस प्रश्न

1. क्यों है यह कठिन को पकड़ना सच और प्यार एक साथ?
2. कैसे करता है डर प्रभाव हमारा संचार?
3. क्या अलग है धार्मिक सुधार से निजी आलोचना?

प्रार्थना

पिता, पढ़ाना मुझे को बोलना सच जैसा आप करना।

निकालना कठोरता से मेरा शब्द और डर से मेरा आज्ञाकारिता । प्यार

आकार मेरा स्वर और सच मार्गदर्शक मेरा संदेश।

उपयोग मेरा शब्द को ठीक होना, नहीं

नुकसान. आमीन.

भविष्यवाणी घोषणा

मेरा शब्द प्रतिबिंबित होना दिल का

मसीह। मैं प्यार और साफ़-साफ़ सच

बोलता हूँ।

ईश्वर उपयोग मेरा आवाज़ को लाना बहाली।

मैं बढ़ना में परिपक्वता के माध्यम से आज्ञाकारी संचार।

प्रतिबद्धता को आज्ञाकारिता

आज, मैं प्रतिबद्ध को बोला जा रहा है सच में प्यार।

मैं ईमानदारी से दूर नहीं रहूँगा या दया नहीं छोड़ूँगा। मैं

मसीह जैसा संवाद चुनता हूँ।

देखना आगे को दिन पंद्रह

जैसा अगस्टीन जारी को नेतृत्व करना, वह का सामना करना पड़ा एक और चुनौती:

क्या ह ाेती है कब आज्ञाकारिता लागत प्रतिष्ठा, आराम, या सुरक्षा?

कल हम इच्छा अन्वेषण करना:

गिनती लागत बिना पीछे हटते से वफ़ादारी।

दिन पंद्रह

लागत का वफादार आज्ञाकारिता

K **ईवाई केंद्र शास्त्रों**

"जो कोई भी करता है नहीं भालू उसका पार करना और आना बाद मुझे नही सकता होना मेरा

शिष्य।"

— ल्यूक 14:27

"हाँ, और सभी कौन इच्छा को रहना धार्मिक में ईसा मसीह यीशु इच्छा पीड़ित उत्पीड़न।"

— 2 टिमोथी 3:12

"होने देना हम जाना आगे को उसे, बाहर शिविर, सहन करना उसका निन्दा।"

— इब्रा 13:13

"के लिए क्या इच्छा यह लाभ ए आदमी अगर वह गेन्स साबुत दुनिया, और खो देता है उसका अपनी आत्मा?"

— निशान 8:36

ऑगस्टीन का रहते थे पल

ऑगस्टीन के अनुसार **का हिप्पो की** वफ़ादारी बढ़ती गई, आज्ञा पालन में उसे मेहनत से ज़्यादा खर्च करना पड़ा।

यह लागत उसे आराम.

इससे उसे आराम नहीं

मिला.

यह लागत उसे अनुमोदन।

सच के साथ खड़े होने पर विरोध हुआ। ईमानदारी से चरवाही करने पर

गलतफहमी हुई। इनकार समझौता आमंत्रित आलोचना। अगस्टीन सीखा कि आज्ञाकारिता करता है नहीं हमेशा नेतृत्व करना को तालियाँ—अक्सर, यह नेतृत्व को एकांत।

अभी तक वह किया नहीं पीछे हटना।

वह था पहले से सीखा वह समझौता लागत अधिक बजाय आज्ञाकारिता कभी नहीं होगा.

ज़िंदगी पाठ

आज्ञाकारिता हमेशा किया जाता है ए लागत—लेकिन आज्ञा का उल्लंघन लागत अधिक।

यीशु कभी नहीं छुपा दिया कीमत का शिष्यत्व। पुकारना को अनुसरण करना उसे इसमें शामिल हैं इच्छा को खोना क्या नही सकता होना रखा में आदेश को पाना क्या नही सकता होना खो गया।

वफादार आज्ञाकारिता परीक्षण क्या हम सही मायने में कीमत:

- प्रतिष्ठा या धर्म
- आराम या कॉलिंग
- स्वीकार या निष्ठा

कब आज्ञाकारिता बन जाता है महंगा, यह का पता चलता है कौन हम सेवा करना।

आईना पल (निजी प्रतिबिंब)

प्रतिबिंबित होना ईमानदारी से:

- कहाँ है आज्ञाकारिता पहले से लागत आप कुछ?
- क्या नुकसान हैं आप सबसे डरना का अगर आप अनुसरण करना ईश्वर पूरी तरह से?
- पास होना आप कभी बचना आज्ञाकारिता को रक्षा करना आराम या प्रतिष्ठा?

होने देना इन प्रश्न सतह सच बिना डर।

कार्रवाई के लिए आज्ञाकारिता

आज, स्वीकार करना लागत—लेकिन चुनना आज्ञाकारिता फिर भी।

- पहचान करना एक क्षेत्र कहाँ आज्ञाकारिता महसूस करता महंगा
- नाम डर जुड़ा हुआ को यह
- समर्पण वह डर को ईश्वर जान-बूझकर

भक्ति बढ़ता है कब आज्ञाकारिता है चुना हुआ इसके बावजूद लागत।

समूह बहस प्रश्न

1. क्यों करना हम अपेक्षा करना आज्ञाकारिता को होना सुविधाजनक?
2. कैसे करता है डर का नुकसान आकार हमारा फैसले?
3. क्या मदद करता है विश्वासियों सहन करना लागत का वफ़ादारी?

प्रार्थना

पिता, मैं अपराध स्वीकार करना वह मैं कभी-कभी डर लागत का आज्ञाकारिता। कीमत चाहे जो भी हो, आपका अनुसरण करने के मेरे संकल्प को मज़बूत करें। मदद करें मुझे कीमत भक्ति ऊपर आराम। मैं चुनना निष्ठा को आप ऊपर सभी अन्यथा.

आमीन.

भविष्यवाणी घोषणा

मैं चुनना आज्ञाकारिता ऊपर आराम।

लागत का भक्ति इच्छा नहीं रोकना मैं. भगवान है मेरा इनाम, नहीं अनुमोदन से मैं पूरी तरह से मसीह का अनुसरण करता हूँ।

प्रतिबद्धता को आज्ञाकारिता

आज, मैं प्रतिबद्ध को वफादार आज्ञाकारिता।

जब बात मानना महंगा पड़ जाए तो मैं पीछे नहीं हटूंगा।

चुनना पार करना ऊपर समझौता।

देखना आगे को दिन सोलह

जैसा अगस्टीन सहा लागत का आज्ञाकारिता, ईश्वर मजबूत उसे किसी चीज़ के साथ आवश्यक:

दृढ़ता।

कल हम इच्छा अन्वेषण करना:

कैसे भक्ति है निरंतर कब आज्ञाकारिता बन जाता है ए लंबा सड़क।

दिन सोलह

अनुग्रह को दृढ़ रहना

K **ईवाई केंद्र शास्त्रों**

"होने देना हम दौड़ना साथ धैर्य दौड़ वह है तय करना पहले हम।"

— इब्रा 12:1

"वह कौन सदा को अंत करेगा होना बचा लिया गया।"

— मैथ्यू 24:13

"और होने देना हम नहीं बढ़ना थका जबकि कर रहा है अच्छा, के लिए में देय मौसम हम काटेगा अगर हम करना नहीं खोना दिल।"

— गलाटियन्स 6:9

"होना वफादार जब तक मौत, और मैं इच्छा देना आप ताज का ज़िंदगी।"

— रहस्योद्घाटन 2:10

ऑगस्टीन का रहते थे पल

ऑगस्टीन के लिए समय के साथ आज्ञा पालन करना आसान नहीं हुआ **का हिप्पो** . यह **लंबा हो गया** .

जल्दी तीव्रता का समर्पण दिया रास्ता को दैनिक वफ़ादारी। वहाँ कोई नाटकीय मोड़ नहीं थे - केवल स्थिरता। शिक्षण। चरवाही। सुधार। प्रार्थना। धीरज।

अगस्टीन सीखा वह परिवर्तन है नहीं निरंतर द्वारा जुनून अकेला। यह है निरंतर द्वारा **अनुग्रह-सक्षम दृढ़ता** ।

वहाँ थे दिन का थकान। दिन कब विपक्ष अनुभव किया भारी। दिन जब प्रगति प्रतीत हुआ धीमा। अभी तक अगस्टीन नहीं रहा क्योंकि वह था मज़बूत, बल्कि इसलिए कि

परमेश्वर विश्वासयोग्य था।

ज़िंदगी पाठ

दृढ़ता है अनुग्रह व्यक्त ऊपर समय।

कई विश्वासी अच्छी शुरुआत करते हैं लेकिन जब आज्ञा मानना बार-बार होने लगता है तो वे थक जाते हैं और अनदेखा. इंजील याद दिलाता है हम वह धैर्य है नहीं वैकल्पिक—यह है आवश्यक।

ईश्वर करता है नहीं पूछना हम को होना
शानदार। वह हमसे वफ़ादार रहने के लिए
कहता है।

दृढ़ता है नहीं जिद्दी कोशिश; यह है जारी निर्भरता पर जब ताकत कम हो जाती है तो कृपा होती है।

आईना पल (निजी प्रतिबिंब)

प्रतिबिंबित होना ईमानदारी से:

- कहाँ पास होना आप ग्रोन थका में आज्ञाकारिता?
- क्या भक्ति महसूस करता किसी का ध्यान नहीं या बिना इनाम के?
- पास होना आप गलत मंदी के लिए असफलता?

होने देना ईश्वर पुनर्रचना आपका परिप्रेक्ष्य।

कार्रवाई के लिए आज्ञाकारिता

आज, पुनः प्रतिबद्ध को **सुसंगत वफ़ादारी** .

- पहचान करना एक क्षेत्र कहाँ आप पास होना अनुभव किया थका हुआ या हतोत्साहि
- लाना यह पहले ईश्वर ईमानदारी से
- चुनना को जारी रखें—बिना इंतज़ार में के लिए नवीकृत भावना

धैर्य अक्सर पछाड़ नवीकरण।

समूह बहस प्रश्न

1. क्यों है दृढ़ता और जोर से बजाय शुरुआत कुंआ?

2. कैसे करता है धैर्य आकार आध्यात्मिक परिपक्वता?
3. क्या आचरण मदद विश्वासियों अवशेष वफादार ऊपर समय?

प्रार्थना

पिता, मैं अपराध स्वीकार करना वह मैं कभी-कभी बढ़ना थका में कर रहा है अच्छा. मजबूत मुझे साथ आपका अनुग्रह को सहन करना। पढ़ाना मुझे को विश्वास प्रक्रिया आप हैं कार्यरत में मेरा ज़िंदगी।

मैं चुनना भक्ति ऊपर भावना. आमीन.

भविष्यवाणी घोषणा

मैं दौड़ना मेरा दौड़ साथ धीरज।

भगवान का अनुग्रह बनाए मुझे

दैनिक।

मैं करना नहीं बढ़ना थका या खोना दिल।

मैं खत्म करना क्या ईश्वर है सौंपा को मुझे।

प्रतिबद्धता को आज्ञाकारिता

आज, मैं प्रतिबद्ध को दृढ़ता।

मैं इच्छा अवशेष वफादार यहां तक की कब प्रगति महसूस करता धीरे. मैं विश्वास भगवान का समय और उसका काम में मुझे।

देखना आगे को दिन सत्रह

जैसा दृढ़ता गहरा हुआ, अगस्टीन सीखा एक और आवश्यक सच:

भक्ति करता है नहीं हटाना आध्यात्मिक विपक्ष.

कल हम इच्छा अन्वेषण करना:

कैसे को खड़ा होना अटल कब प्रतिरोध तीव्र हो जाता है।

दिन सत्रह खड़े अटल अंतर्गत दबाव

K ईवाई केंद्र शास्त्रों

"होना गंभीर, होना चौकस; क्योंकि आपका वैरी शैतान सैर दहाड़ते हुए शेर की तरह।"

— 1 पतरस 5:8

"होना हो गया सभी, को खड़ा होना।"

— इफिसियों 6:13

"में दुनिया आप इच्छा पास होना क्लेश; लेकिन होना का अच्छा खुश करना, मैं दुनिया पर विजय पा ली है।"

— जॉन 16:33

"प्रतिरोध करना शैतान और वह इच्छा भाग जाना से आप।"

— जेम्स 4:7

ऑगस्टीन का रहते थे पल

जब **हिप्पो के ऑगस्टाइन ने** वफादारी दिखाई, तब विरोध कम नहीं हुआ - इसने **अपना रूप बदल लिया** ।

वहाँ थे बाहरी दबाव: आलोचना, ग़लतफ़हमी, प्रतिरोध सत्य के लिए .

अंदरूनी दबाव थे: थकान, निराशा, नरम पड़ने का लालच दृढ़ विश्वास।

ऑगस्टीन ने सीखा कि जहाँ आज्ञाकारिता लगातार बनी रहती है, वहाँ आध्यात्मिक विरोध अक्सर बढ़ जाता है। वफ़ादारी अंधेरे से तालियाँ नहीं बजवाती - यह विरोध को उकसाती है।

फिर भी ऑगस्टीन ने दबाव को असफलता नहीं माना।

उन्होंने इसे पुष्टि के रूप में पहचाना।

ज़िंदगी पाठ

दबाव करता है नहीं अर्थ आप हैं बंद अवधि।

अक्सर, यह मतलब आप हैं बिल्कुल कहाँ आप चाहिए होना।

इंजील यह सिखाती है वह आध्यात्मिक प्रतिरोध है भाग का ईसाई यात्रा। दुश्मन करता है नहीं का विरोध क्या बन गया है नहीं धमकी। खड़े होकर अटल है नहीं आगे बढ़ने के बारे में आक्रामक रूप से—यह है के बारे में **इनकार को पीछे हटना** ।

जीत हमेशा आगे बढ़ने में नहीं होती। कभी-कभी

यह है केवल **शेष वफादार** ।

आईना पल (निजी प्रतिबिंब)

प्रतिबिंबित होना ईमानदारी से:

- कहाँ पास होना आप अनुभव किया दबाव क्योंकि का आज्ञाकारिता?
- कौन सा विरोध आपको सबसे ज़्यादा लुभाता है—छोड़ने के लिए, समझौता करने के लिए, या आगे बढ़ने के लिए थके हुए?
- पास होना आप गलत विपक्ष के लिए भगवान का अस्वीकृति?

होने देना ईश्वर पुनर्रचना संघर्ष।

कार्रवाई के लिए आज्ञाकारिता

आज, अभ्यास **जान-बूझकर दृढ़ता** .

- पहचान करना एक क्षेत्र कहाँ दबाव है परीक्षा आप पीछे हटना
- पुष्टि आपका आज्ञाकारिता पहले ईश्वर
- प्रचार ज़ोर से:

  "मैं इच्छा खड़ा होना।"

खड़े होकर है एक कार्य का आस्था।

समूह बहस प्रश्न

1. क्यों करता है भक्ति अक्सर आकर्षित करना प्रतिरोध?

2. कैसे कर सकना विश्वासियों समझना बीच में सुधार और विपक्ष?

3. क्या मदद करता है आप अवशेष नियमित अंतर्गत आध्यात्मिक दबाव?

प्रार्थना

पिता, को मजबूत मुझे को खड़ा होना अटल।

मुझे बिना डरे विरोध को पहचानने की समझ दो । मुझे साथ साहस, धैर्य, और विश्वास में आप।

मैं आज्ञाकारिता से पीछे नहीं हटूंगा।

आमीन।

भविष्यवाणी घोषणा

मैं खड़ा होना अटल विश्वास में .

दबाव मुझे आज्ञाकारिता से नहीं हटाएगा। भगवान का ताकत बनाए मुझे अंतर्गत मैं हर मौसम में वफ़ादार रहता हूँ ।

प्रतिबद्धता को आज्ञाकारिता

आज, मैं प्रतिबद्ध को खड़े अटल।

मैं इच्छा नहीं समझौता अंतर्गत दबाव।

मैं विश्वास ईश्वर को बनाए रखना मुझे जैसा मैं वफादार रहना ।

देखना आगे को दिन अठारह

जैसा अगस्टीन खड़ा हुआ अटल, वह की खोज की कुछ ज़रूरी:

प्रतिरोध कर सकना गहरा बुद्धि अगर हम सुनना कुंआ।

कल हम इच्छा अन्वेषण करना:

कैसे ईश्वर उपयोग टकराव और चुनौती को पैना विवेक।

दिन संघर्ष में बनी अठारह

बुद्धिमानी

K **ईवाई केंद्र शास्त्रों**

"अगर कोई का आप का अभाव बुद्धि, होने देना उसे पूछना का ईश्वर।"

— जेम्स 1:5

"द बुद्धि वह है से ऊपर है पहला शुद्ध, तब शांतिप्रिय, कोमल, करने की चाहत उपज, भरा हुआ का दया और अच्छा फल।"

— जेम्स 3:17

"के लिए लोहा तीक्ष्ण करता लोहा, इसलिए ए आदमी तीक्ष्ण करता मुखाकृति का उसका दोस्त।"

— कहावत का खेल 27:17

"यद्यपि वह था ए बेटा, अभी तक वह सीखा आज्ञाकारिता द्वारा चीज़ें कौन उसने कष्ट सहा।

— इब्रा 5:8

ऑगस्टीन का रहते थे पल

टकराव बन गया एक का भगवान का अधिकांश असरदार शिक्षकों में ज़िंदगी का **अगस्टीन का हिप्पो** .

असहमति ने उनके सब्र का इम्तिहान लिया।

विरोध ने उनकी सोच को बेहतर बनाया।

आलोचना ने उनके इरादों को सामने ला

दिया।

ऑगस्टीन ने सीखा कि ज्ञान आराम से नहीं, बल्कि **जुड़ाव से बनता है** । टकराव मजबूर उसे को परीक्षण करना इंजील अधिक गहराई से, प्रार्थना करना और ईमानदारी से, और सुनना अधिक सावधानी से। यह छीन दूर आवेगशील जवाब और उनकी जगह समझदारी ने ले ली।

वह की खोज की वह प्रतिक्रिया जल्दी से अक्सर कमजोर सच, लेकिन समझदारी से जवाब देने से यह मजबूत होता है।

ज़िंदगी पाठ

बुद्धि बढ़ता है कहाँ विनम्रता सुनता है.

टकराव का पता चलता है क्या ज्ञान अकेला नही सकता। यह उजागर गर्व, यह विश्वास को साफ़ करता है, और मानने वाले को रिएक्शन और रिस्पॉन्स के बीच फ़र्क करने पर मजबूर करता है।

ईश्वर अक्सर उपयोग तनाव को:

- पैना प्रभेद
- शुद्ध इरादों
- समझ को गहरा करें

बुद्धि है नहीं अनुपस्थिति का संघर्ष—यह है क्षमता को अवशेष इसमें विश्वासयोग्य, विनम्र और स्पष्ट होना चाहिए।

आईना पल (निजी प्रतिबिंब)

प्रतिबिंबित होना प्रार्थनापूर्वक:

- आप आम तौर पर झगड़े पर कैसे रिएक्ट करते हैं—डिफेंसिव तरीके से या समझदारी से?
- क्या हाल ही का तनाव हो सकता है ईश्वर होना का उपयोग करते हुए को परिशोधित आपका बुद्धि?
- हैं आप अधिक आतुर को होना सही या को होना वफादार?

होने देना आत्मा खोज आपका दिल।

कार्रवाई के लिए आज्ञाकारिता

आज, चुनना ए **ढंग प्रतिक्रिया** ऊपर ए जल्दी प्रतिक्रिया।

- पहचान करना ए मौजूदा टकराव या बहस
- विराम पहले जवाब
- पूछना ईश्वर के लिए बुद्धि पहले बोला जा रहा है या अभिनय

बुद्धि अक्सर का पता चलता है स्वयं में संयम।

समूह बहस प्रश्न

1. क्यों करता है टकराव अनावृत करना आध्यात्मिक परिपक्वता?
2. कैसे कर सकना तनाव गहरा बुद्धि बजाय का कड़वाहट?
3. क्या आचरण मदद विश्वासियों जवाब देना बुद्धिमानी से अंतर्गत दबाव?

प्रार्थना

पिता, मैं पूछना आप के लिए बुद्धि।

पढ़ाना मुझे को सुनना पहले जवाब देना।

संघर्ष का इस्तेमाल करके अपने दिल को बेहतर बनाओ और अपने विश्वासों को साफ़ करो । आपका बुद्धि मार्गदर्शक मेरा शब्द और क्रियाएँ।

आमीन।

भविष्यवाणी घोषणा

मुझे भगवान से ज्ञान मिलता है। संघर्ष मेरी समझ को तेज़ करता है।

मैं जवाब देना साथ स्पष्टता, विनम्रता, और कृपा। भगवान की बुद्धि को नियंत्रित करता है मेरा ज़िंदगी।

प्रतिबद्धता को आज्ञाकारिता

आज, मैं समझदारी से जवाब देने का वादा करता हूँ । इच्छा नहीं अनुमति दें टकराव को कठोर बनाना मेरा दिल।

मैं चुनना प्रभेद ऊपर प्रतिक्रिया।

देखना आगे को दिन उन्नीस

जैसा अगस्टीन बढ़ी में बुद्धि, ईश्वर सौंपा उसे साथ कुछ भारी:

देखभाल का आत्माएं.

कल हम इच्छा अन्वेषण करना:

क्या यह मतलब को ढोना ज़िम्मेदारी के लिए अन्य पहले ईश्वर।

दिन उन्नीस

सिर्फ़ राय नहीं, आत्माएँ भी साथ ले जाना

K **ईवाई केंद्र शास्त्रों**

"आज्ञा का पालन करना वे कौन नियम ऊपर आप, और होना विनम्र, के लिए वे घड़ी बाहर के लिए आपका आत्माएं, जैसा वे कौन अवश्य देना खाता।"

— इब्रा 13:17

“चरवाहा झुंड का ईश्वर कौन है के बीच आप।"

— 1 पतरस 5:2

"भालू एक दूसरे का बोझ, और इसलिए पूरा कानून का मसीह।”

— गलाटियन्स 6:2

"कौन है पर्याप्त के लिए ये बातें?"

— 2 कुरिन्थियों 2:16

ऑगस्टीन का रहते थे पल

जैसे-जैसे **हिप्पो के ऑगस्टीन** ज्ञान और प्रभाव में बड़े होते गए, उन्हें एक गंभीर सच्चा का एहसास होने लगा:

वह अब सिर्फ़ आइडियाज़ से डील नहीं कर रहा

था। वह **लोगों** से डील कर रहा था ।

प्रत्येक शब्द वह पढ़ाया आकार हर फ़ैसले ने ज़िंदगी

पर असर डाला ।

प्रत्येक समझौता—या स्पष्टता—था नतीजे आगे वह स्वयं।

ऑगस्टीन ने सीखा कि स्पिरिचुअल लीडरशिप का मतलब बहस जीतना या अपनी बात

का बचाव करना नहीं है। इसका मतलब है **आत्माओं को भगवान के सामने ले जाना** । इस एहसास ने उन्हें बहुत विनम्र बना दिया। ज़िम्मेदारी के बोझ ने उनका कॉन्फिडेंस नहीं बढ़ाया; बल्कि उनकी निर्भरता बढ़ा दी।

वह समझा वह राय कर सकना होना बहस हुई—लेकिन आत्माओं अवश्य होना **चरवाहा** .

ज़िंदगी पाठ

ईश्वर सौंपे लोग, नहीं प्लेटफॉर्म।

सच के लिए जुनूनी होना और लोगों के साथ लापरवाह होना मुमकिन है। धर्मग्रंथ लगातार चेतावनी देते हैं कि लीडरशिप और असर को सिर्फ़ सही होने से नहीं, बल्कि **देखभाल से मापा जाता है** ।

भार उठाते आत्माओं मतलब:

- सुनना पहले बोला जा रहा है
- सेवित दावा करने से पहले
- प्रार्थना करना पहले अभिनय

प्रभाव बिना प्यार बन जाता है कंट्रोल। बिना

परवाह के सच बोझ बन जाता है।

ईश्वर कॉल उसका नौकरों को चरवाहा दिल, नहीं केवल राज्य दोषसिद्धि।

आईना पल (निजी प्रतिबिंब)

प्रतिबिंबित होना ईमानदारी से:

- कौन है ईश्वर सौंपा को आपका प्रभाव?
- करना आप देखना लोग जैसा जिम्मेदारियां या रुकावटें?
- हैं आपका शब्द आकार अधिक द्वारा दृढ़ विश्वास या द्वारा परवाह?

होने देना इन प्रश्न खोज आपका उद्देश्य।

कार्रवाई के लिए आज्ञाकारिता

आज, अभ्यास **जान-बूझकर चरवाही** .

- पहचान करना एक व्यक्ति ईश्वर है रखा में आपका देखभाल या प्रभाव
- प्रार्थना करना के लिए उन्हें विशेष रूप से द्वारा नाम
- पहुँचना बाहर साथ प्रोत्साहन, सुनना, या सहायता

भार उठाते आत्माओं शुरू होता है साथ ध्यान।

समूह बहस प्रश्न

1. क्यों है यह आसान को रक्षा करना राय बजाय को देखभाल के लिए लोग?
2. कैसे करता है आध्यात्मिक ज़िम्मेदारी गहरा विनम्रता?

3. कौन सी प्रैक्टिस लीडर्स को कंट्रोलर के बजाय शेफर्ड बने रहने में मदद करती हैं ?

प्रार्थना

पिता, मुझे याद दिलाइए कि लोग बहस से ज़्यादा मायने रखते हैं। मुझे विनम्रता और देखभाल के साथ दिल संभालना सिखाएं।
रक्षक मुझे से गर्व, कठोरता, या उदासीनता।
आपने मुझे जो सौंपा है, उसे ईमानदारी से निभाने में मेरी मदद करें।
आमीन।

भविष्यवाणी घोषणा

मैं लोगों को विनम्रता और प्यार से संभालता हूँ।
भगवान मुझे सिर्फ़ विचार नहीं, आत्माएँ भी देते हैं
। प्रभाव दर्शाता दिल का मसीह.
मैं चरवाहा ईमानदारी से क्या ईश्वर है रखा में मेरा देखभाल.

प्रतिबद्धता को आज्ञाकारिता

आज, मैं सिर्फ़ अपनी बात रखने के लिए नहीं, बल्कि लोगों की देखभाल करने के लिए भी तैयार हूँ । इच्छा चरवाहा साथ धैर्य, प्रार्थना, और प्यार।
मैं चुनना ज़िम्मेदारी पहचान से ज़्यादा ।

देखना आगे को दिन बीस

जैसा अगस्टीन ले जाया गया वज़न का आत्माएं, वह सीखा एक और गंभीर पाठ:

नेतृत्व आवश्यक है गहरा विनम्रता को अवशेष स्वस्थ।

कल हम इच्छा अन्वेषण करना:

कैसे ईश्वर बरकरार रखता है दिल का ए नौकर अंतर्गत ज़िम्मेदारी।

दिन बीस

विनम्रता जो नेतृत्व को बनाए रखती है

K ईवाई केंद्र शास्त्रों**

"ईश्वर तैयार नहीं गर्व, लेकिन देता है अनुग्रह को विनम्र।"

— जेम्स 4:6

"जो कोई भी इच्छाएँ को बनना महान के बीच आप, होने देना उसे होना आपका नौकर."

— मैथ्यू 20:26

"वह अवश्य बढ़ोतरी, लेकिन मैं अवश्य घटाना।"

— जॉन 3:30

"क्या करना आप पास होना वह आप किया नहीं प्राप्त करें?"

— 1 कुरिन्थियों 4:7

ऑगस्टीन का रहते थे पल

अपने जीवन के इस चरण तक, **हिप्पो के ऑगस्टीन का** आध्यात्मिक, बौद्धिक और देहाती महत्व था।

लोग उनकी बात मानते थे। चर्च उन

पर निर्भर रहते थे। बहस में साफ़-

साफ़ बात के लिए उनकी तरफ़ देखा

जाता था।

और अगस्टीन जानता था कुछ खतरनाक था संभव।

लीडरशिप धीरे-धीरे किसी व्यक्ति को यह यकीन दिला सकती है कि वे ज़रूरी हैं। कि नतीजे उन पर निर्भर करते हैं। कि असर उनका है। ऑगस्टीन ने इसका विरोध किया।

चुपचाप लेकिन जानबूझकर. वह याद दिलाया खुद—अक्सर—कि वह था नहीं है स्रोत का सच, लेकिन ए **नौकर का यह** ।

विनम्रता था नहीं वैकल्पिक के लिए
उसे। यह ज़िंदा रहने का तरीका था।

ज़िंदगी पाठ

कॉलिंग बिना विनम्रता अंततः ढह जाता है।

लीडरशिप सिर्फ़ काबिलियत से नहीं, बल्कि भगवान पर लगातार निर्भर रहने से बनी रहती है। धर्मग्रंथ साफ़ कहता है: जहाँ विनम्रता रहती है, वहाँ कृपा बहती है, लेकिन विरोध रहता है। आता है कहाँ गर्व लेता है जड़।

विनम्रता रखता है नेतृत्व:

- पढ़ाने योग्य
- उत्तरदायी
- आश्रित
- सुरक्षित

कब विनम्रता मिट जाता है, यहां तक की अच्छा नेतृत्व बन जाता है खतरनाक।

आईना पल (निजी प्रतिबिंब)

प्रतिबिंबित होना सावधानी से:

- कहाँ है ईश्वर सौंपा आप साथ ज़िम्मेदारी या प्रभाव?
- कैसे करना आप रक्षक आपका दिल ख़िलाफ़ गर्व?
- करना आप फिर भी पहचानना सब कुछ आप पास होना जैसा प्राप्त हुआ, नहीं कमाया?

होने देना ईश्वर परीक्षण करना नहीं अभी आपका क्रियाएँ, लेकिन आपका मुद्रा.

कार्रवाई के लिए आज्ञाकारिता

आज, अभ्यास **जान-बूझकर विनम्रता** ।

- स्वीकार करना एक क्षेत्र कहाँ आप अनुभव करना आत्मविश्वासी या स्थापित
- धन्यवाद ईश्वर स्पष्ट रूप से के लिए यह
- आमंत्रित करना उसका चल रहे मार्गदर्शन और सुधार

विनम्रता बढ़ता है कहाँ कृतज्ञता ज़िंदगियाँ।

समूह बहस प्रश्न

1. क्यों है गर्व अक्सर जटिल में नेतृत्व?
2. कैसे करता है विनम्रता रक्षा करना दीर्घकालिक फलदायकता?
3. क्या आचरण मदद नेताओं अवशेष आश्रित पर ईश्वर?

प्रार्थना

पिता, मैं स्वीकार करना वह सब कुछ मैं पास होना आता है से आप. गार्ड मेरा

दिल से गर्व और आत्मनिर्भरता।

मुझे विनम्रता के साथ नेतृत्व करना, सेवा करना और

आज्ञा मानना सिखाएं। कृपा मेरे जीवन पर बनी रहे।

आमीन।

भविष्यवाणी घोषणा

मैं टहलना में विनम्रता पहले ईश्वर।

कृपा मेरे बुलावे और मेरे असर को बनाए रखती है।

मैं सेवा करता हूँ, खुद को बड़ा नहीं मानता।

ईश्वर अकेला प्राप्त करता है वैभव।

प्रतिबद्धता को आज्ञाकारिता

आज, मैं भगवान की दी हुई हर ज़िम्मेदारी को विनम्रता से निभाने का वादा करता

हूँ। मैं सीखने लायक, शुक्रगुज़ार और दूसरों पर निर्भर रहूँगा।

मैं चुनना अनुग्रह ऊपर आत्मनिर्भरता ।

देखना आगे को दिन इक्कीस

हम अब प्रवेश करना **दूसरा आधा** का यात्रा।

जैसा अगस्टीन जारी ईमानदारी से, ईश्वर शुरू किया को आकार कुछ स्थायी:

परंपरा।

कल हम इच्छा अन्वेषण करना:

क्या दयालु का ज़िंदगी पत्तियों फल आगे ए जीवनभर।

दिन इक्कीस

जीविका के लिए क्या बाद भी जीवित रहता आप

K **ईवाई केंद्र शास्त्रों**

"अन्य पास होना मेहनत की, और आप पास होना प्रविष्टि की में उनका श्रम।"

— जॉन 4:38

"नेक इंसान अपनी ईमानदारी से चलता है; उसके बाद उसके बच्चे धन्य होते हैं।"

— कहावत का खेल 20:7

"क्या आप पास होना सुना से मुझे... प्रतिबद्ध इन को वफादार पुरुषों कौन इच्छा दूसरों को भी सिखाने में सक्षम हो ।"

— 2 टिमोथी 2:2

"इसलिए पढ़ाना हम को संख्या हमारा दिन, वह हम मई पाना ए दिल का बुद्धि।"

— भजन 90:12

ऑगस्टीन का रहते थे पल

जैसा साल उत्तीर्ण, **अगस्टीन का हिप्पो** बन गया तेजी जागरूक बात यह है कि उसका ज़िंदगी था नहीं अब मापा द्वारा गतिविधि, लेकिन द्वारा **विरासत** ।

वह था नहीं अब पूछना, *क्या पूर्वाह्न मैं पूरा करना?*

वह था पूछ रहा हूँ, *क्या रहेंगे ?*

अगस्टीन लिखा, पढ़ाया, सही किया गया, और चरवाहा—लेकिन साथ ए बढ़ती जागरूकता वह वह था इमारत के लिए पीढ़ियों वह चाहेंगे कभी नहीं मिलो। उसका शब्द थे आकार साथ देखभाल. उसका शिक्षण था सौंपा को अन्य। उसका वफ़ादारी थी नहीं अब अत्यावश्यक—यह था **जानबूझकर** .

वह समझा वह ईश्वर पैमाने परंपरा नहीं द्वारा दृश्यता, लेकिन द्वारा

संचरण .

ज़िंदगी पाठ

परंपरा है बनाया द्वारा वफादारी, नहीं यश।

परमेश्वर का राज्य लगातार आगे बढ़ता है। हम दूसरों में जो डालते हैं, वही वह ज़रिया बन जाता है जिससे परमेश्वर हमारे जीवनकाल के बाद भी अपना काम जारी रखता है।

जीविका के लिए क्या बाद भी जीवित रहता आप मतलब:

- निवेश में लोग अधिक बजाय परियोजनाओं
- प्राथमिकता गठन ऊपर मान्यता
- का चयन भक्ति ऊपर तुरंत्ता

परंपरा है नहीं क्या लोग याद करना के बारे में हमें यह है क्या ईश्वर जारी है करना के माध्यम से क्या हम पास होना ईमानदारी से दिया गया।

आईना पल (निजी प्रतिबिंब)

प्रतिबिंबित होना प्रार्थनापूर्वक:

- क्या हैं आप इमारत वह इच्छा अवशेष बाद आप?
- कौन हैं आप जानबूझकर निवेश में?
- हैं आपका दैनिक विकल्प आकार द्वारा अनंतकाल या अत्यावश्यकता?

होने देना ईश्वर पुनः अंशांकित करना आपका दृष्टि।

कार्रवाई के लिए आज्ञाकारिता

आज, लेना एक **विरासत-उन्मुख कार्रवाई** ।

- पहचान करना एक व्यक्ति को जानबूझकर निवेश करना में
- प्रोत्साहित करना, पढ़ाना, या प्रार्थना करना साथ उन्हें
- प्रतिबद्ध को दीर्घकालिक भक्ति की अपेक्षा बजाय लघु अवधि प्रभाव

परंपरा बढ़ता है धीरे-धीरे—परन्तु लगातार।

समूह बहस प्रश्न

1. कैसे करता है इंजील परिभाषित करना परंपरा अलग ढंग से से संस्कृति?
2. क्यों है निवेश में लोग अक्सर और धीमा बजाय इमारत प्लेटफॉर्म?
3. क्या मदद करता है विश्वासियों रहना केंद्रित पर दीर्घकालिक फल?

प्रार्थना

पिता, पढ़ाना मुझे को रहना साथ अनंतकाल में देखना।

मेरी प्रायोरिटीज़ को उन चीज़ों के साथ अलाइन करें जो सच में लंबे समय तक चलती हैं। मदद करें मुझे निवेश करना ईमानदारी से में लोग और सच। मेरा जीवन मेरे जीवनकाल से आगे भी फल दे। आमीन।

भविष्यवाणी घोषणा

मैं रहना के लिए क्या मुझसे ज़्यादा ज़िंदा है । मेरा जीवन परमेश्वर के राज्य में स्थायी फल देता है । निवेश करना में लोग, नहीं अभी परिणाम। ईश्वर गुणा क्या मैं ईमानदारी से प्रबंधक।

प्रतिबद्धता को आज्ञाकारिता

आज, मैं हमेशा रहने वाले नज़रिए से जीने का वादा करता हूँ। मैं उसमें इन्वेस्ट करूँगा जो हमेशा रहे। मैं चुनना परंपरा ऊपर तत्कालता।

देखना आगे को दिन बाईस

जैसा परंपरा लेता है आकार, ए नया चुनौती उभरती है:

कैसे करना आप अवशेष वफादार कब आप इच्छा नहीं देखना भरा हुआ फसल काटन

कल हम इच्छा अन्वेषण करना:

पर भरोसा ईश्वर साथ अगोचर फल।

दिन बाईस

फसल देखे बिना भी वफ़ादार

K **ईवाई केंद्र शास्त्रों**

"एक बोता और एक और काटता है।"

— जॉन 4:37

"और होना हो गया सभी... को खड़ा होना।"

— इफिसियों 6:13

"इन सभी मृत में आस्था, नहीं होना प्राप्त वादे, लेकिन होना उन्हें दूर से देखा है।"

— इब्रा 11:13

"मैं लगाए गए, अपुल्लोस पानी पिलाया, लेकिन ईश्वर दिया बढ़ोतरी।"

— 1 कुरिन्थियों 3:6

ऑगस्टीन का रहते थे पल

जैसा **अगस्टीन का हिप्पो** प्रविष्टि की बाद में साल का उसका मंत्रालय, वह एक गंभीर सच्चाई का एहसास होने लगा :

अधिकता का क्या ईश्वर था कर रहा है के माध्यम से उसे चाहेंगे **जीवित रहना उसे** ।

उन्होंने बिना किसी दिखने वाले नतीजे के भरोसे के ईमानदारी से काम किया। उन्होंने गलती सुधारी, यह जानते हुए कि नुकसान को ठीक करने में पीढ़ियां लग सकती हैं। उन्होंने भरोसा करके सच सिखाया। ईश्वर को संरक्षित करना यह आगे उसका आवाज़।

ऑगस्टीन ने नतीजे देखने की मांग नहीं की। उन्होंने

लेखक पर भरोसा किया।

ज़िंदगी पाठ

ईश्वर करता है नहीं ज़रूरत होना हम को खत्म करना केवल काम को होना वफादार

को हमारा हिस्सा। धर्मग्रंथ बार-बार सिखाता है कि राज्य मिलकर काम करने से आगे बढ़ता है आर-पार समय। कुछ पौधा। कुछ पानी। अन्य काटना। लेकिन ईश्वर अकेला को नियंत्रित करता है

बढ़ोतरी।

भक्ति है आज्ञाकारिता **बिना गारंटी देता है** .

कब हम आग्रह करना पर देख के परिणाम, हम आसानी से जगह हम स्वयं पर केंद्र भगवान का काम। कब हम विश्वास ईश्वर साथ अगोचर फल, हम सम्मान उसका संप्रभुता।

आईना पल (निजी प्रतिबिंब)

प्रतिबिंबित होना ईमानदारी से:

- कहाँ पास होना आप ग्रोन हतोत्साहित क्योंकि परिणाम हैं विलंबित?
- पास होना आप समान परिपूर्णता साथ दृश्यता?
- हैं आप इच्छुक को आज्ञा का पालन करना यहां तक की अगर आप कभी नहीं देखना ये परिणाम?

होने देना ईश्वर फिर से संगठित करना आपका अपेक्षाएं।

कार्रवाई के लिए आज्ञाकारिता

आज, मुक्त करना आपका ज़रूरत को देखना परिणाम।

- पहचान करना एक क्षेत्र कहाँ आप अनुभव करना अगोचर या अधूरी
- बोलना यह प्रार्थना ज़ोर से:

  "भगवान, मैं विश्वास आप साथ फसल काटना।"
- जारी रखना ईमानदारी से बिना का समायोजन आज्ञाकारिता को परणाम

विश्वास बनाए आज्ञाकारिता।

समूह बहस प्रश्न

1. क्यों करना हम संघर्ष को आज्ञा का पालन करना बिना देख के परिणाम?
2. कैसे करता है आस्था परिपक्व कब परणाम हैं अनदेखा?
3. क्या मदद करता है विश्वासियों अवशेष वफादार आर-पार लंबा मौसम के?

प्रार्थना

पिता, पढ़ाना मुझे को विश्वास आप साथ परणाम मैं मई कभी नहीं देखें।

मुफ़्त मुझे से ज़रूरत के लिए मान्यता या तुरंत फल।

आपने जो काम दिया है, उसके प्रति ईमानदार रहने में मेरी मदद करें। मुझे फसल के लिए आप पर भरोसा है।

आमीन।

भविष्यवाणी घोषणा

मैं बिना नतीजे देखे भी वफ़ादार रहता हूँ। भगवान अपने

समय में बढ़ोतरी लाते हैं।

मेरी बात मानना बेकार नहीं गया

। विश्वास ईश्वर साथ अगोचर

फल।

प्रतिबद्धता को आज्ञाकारिता

आज, मैं प्रतिबद्ध को वफादार आज्ञाकारिता बिना हालात. मैं इच्छा

बोना, पानी, और विश्वास ईश्वर साथ फसल काटना।

मैं चुनना विश्वास ऊपर नियंत्रण।

देखना आगे को दिन तेईस

जैसा अगस्टीन भरोसा ईश्वर साथ अगोचर फल, वह सीखा एक और सच:

भक्ति करता है नहीं निकालना दुख—यह पुनर्फ़्रेम यह।

कल हम इच्छा अन्वेषण करना:

कैसे कष्ट आकार आशा की अपेक्षा बजाय नष्ट कर देता है यह।

दिन तेईस

कष्ट वह आशा को मजबूत करता है

K **ईवाई केंद्र शास्त्रों**

"हम क्लेशों में भी घमण्ड करते हैं, यही जानकर कि क्लेश से धीरज उत्पन्न हो है। और दृढ़ता, चरित्र; और चरित्र, आशा।"

— रोमनों 5:3–4

"के लिए हमारा रोशनी दुःख, कौन है लेकिन के लिए ए पल, है कार्यरत के लिए हम ए व अधिक से अधिक और शाश्वत वज़न का वैभव।"

— 2 कुरिन्थियों 4:17

"यद्यपि वह टूटना मुझे, अभी तक इच्छा मैं विश्वास उसे।"

— काम 13:15

"सौभाग्यपूर्ण है आदमी कौन सदा प्रलोभन; के लिए कब वह है स्वीकृत हो गया वह इच्छा प्राप्त करें ताज का ज़िंदगी।"

— जेम्स 1:12

ऑगस्टीन का रहते थे पल

ऑगस्टीन के अनुसार **का हिप्पो** जैसे-जैसे मैच्योर होता गया, उसकी ज़िंदगी से दुख गायब नहीं हुआ।

यह बदल गया इसका भूमिका।

दर्द अब सज़ा नहीं रहा। मुश्किल का मतलब

अब नाकामी नहीं रहा।

देरी नहीं अब गर्भित परित्याग।

अगस्टीन सीखा वह कष्ट सकना दोनों में से एक कठोर बनाना दिल या **उम्मीद को**

सहारा दें —यह इस बात पर निर्भर करता है कि भरोसा कहाँ रखा गया था। उसने दर्द को खुद को भगवान से दूर ले जाने के बजाय उनकी तरफ़ बढ़ने दिया। वजह जानने की माँग करने के बजाय, वह भगवान के स्वभाव से जुड़ा रहा।

आशा था नहीं अब परिस्थितिजन्य।

यह बन गया शाश्वत।

ज़िंदगी पाठ

कष्ट को परिष्कृत आशा कब विश्वास है जड़ें में ईश्वर।

इंजील करता है नहीं वादा स्वतंत्रता से कष्ट। यह वादे इसके अंदर मकसद होता है। दुख से बनी उम्मीद, उम्मीद से ज़्यादा मज़बूत होती है—यह हालात से परे होती है।

कष्ट मजबूत आशा कब:

- हम विश्वास भगवान का चरित्र ऊपर हमारा आराम
- हम व्याख्या दर्द के माध्यम से अनंतकाल, नहीं तुरंत्ता
- हम अनुमति दें धैर्य को आकार चरित्र

जिस उम्मीद को परखा नहीं गया है, वह कमज़ोर होती है। उम्मीद परिशोधित द्वारा कष्ट टिकता है.

आईना पल (निजी प्रतिबिंब)

प्रतिबिंबित होना प्रार्थनापूर्वक:

- आपने ऐसा कौन सा दुख माना है जो आपकी आस्था की यात्रा में नहीं होना चाहिए?
- कैसे है दर्द चुनौती: या नया रूप आपका आशा?
- है आपका आशा जड़ें में राहत—या में ईश्वर?

होने देना ईश्वर मिलो आप ईमानदारी से यहाँ।

कार्रवाई के लिए आज्ञाकारिता

आज, अभ्यास **आशा-केंद्रित विश्वास** ।

- पहचान करना एक क्षेत्र का चल रहे कठिनाई
- बोलना यह सच ज़ोर से:

  "ईश्वर है वफादार, यहां तक की यहाँ।"

- चुनना एक कार्य का आज्ञाकारिता या कृतज्ञता इसके बावजूद दर्द

आशा बढ़ता है कब विश्वास है अभ्यास किया.

समूह बहस प्रश्न

1. कैसे करता है इंजील फिर से परिभाषित कष्ट?

2. क्यों करता है कष्ट अक्सर अनावृत करना कहाँ हमारा आशा सही मायने में आराम करता है?
3. क्या आचरण मदद विश्वासियों सहन करना दर्द साथ आशा?

प्रार्थना

पिता, मैं लाना आप मेरा दर्द बिना नाटक यह है आसान है। मेरी उम्मीद को अपनी वफ़ादारी में टिकाओ, मेरे हालात में नहीं । प्रत्येक परीक्षण को आकार चरित्र और गहरा विश्वास।

मैं चुनना आशा वह हमेशा रहे.

आमीन.

भविष्यवाणी घोषणा

मेरी उम्मीद भगवान पर टिकी है। दुख मेरे विश्वास को खत्म नहीं कर पाएगा।

भगवान मुझमें सहनशक्ति और चरित्र बना रहे हैं। मेरी उम्मीद निराश नहीं करेगी।

प्रतिबद्धता को आज्ञाकारिता

आज, मैं प्रतिबद्ध को पर भरोसा ईश्वर दुख में .

मैं इच्छा अनुमति दें परीक्षणों को गहरा आशा, नहीं घटाना यह. मैं चुनना शाश्वत परिप्रेक्ष्य ऊपर अस्थायी राहत।

देखना आगे को दिन चौबीस

जैसा आशा गहरा करता है, ईश्वर शुरु होता है को तैयार करना दिल के लिए कुछ जटिल लेकिन आवश्यक:

दे जाना।

कल हम इच्छा अन्वेषण करना:

कैसे आस्था सीखता को मुक्त करना नियंत्रण और आराम पूरी तरह में ईश्वर।

दिन चौबीस

सब कुछ छोड़ देना और परमेश्वर पर पूरा भरोसा करना सीखना

K **ईवाई केंद्र शास्त्रों**

"तू अपनी समझ का सहारा न लेना, वरन सम्पूर्ण मन से यहोवा पर भरोसा रखना।"

— कहावत का खेल 3:5–6

"होना फिर भी, और जानना वह मैं पूर्वाह्न ईश्वर।"

— भजन 46:10

"कास्टिंग सभी आपका देखभाल ऊपर उसे, के लिए वह चिन्ताओं के लिए आप।"

— 1 पतरस 5:7

"वह कौन है प्रविष्टि की उसका आराम है वह स्वयं भी रह गए हैं से उसका काम करता है।"

— इब्रा 4:10

ऑगस्टीन का रहते थे पल

में बाद में मौसम के का उसका ज़िंदगी, **अगस्टीन का हिप्पो** सीखा ए पाठ कि सिर्फ़ आज्ञाकारिता उसे कुछ नहीं सिखा सकती थी।

वह सीखा को **होने देना**

जाओ . विश्वास से

नहीं.

नहीं का ज़िम्मेदारी की

नहीं, बल्कि कंट्रोल

की।

अगस्टीन था खर्च किया साल सोच गहराई से, शिक्षण स्पष्ट रूप से, सावधानी से देखभाल करना। फिर भी, वफ़ादार सेवा भी चुपके से चिंता ला सकती है—यह एहसास कि नतीजे हमारी सतर्कता पर निर्भर करते हैं। समय के साथ, ऑगस्टीन ने पहचाना कि भरोसा नहीं सिद्ध किया हुआ द्वारा कोशिश, लेकिन द्वारा आराम।

वह सीखा को जगह परणाम कहाँ वे संबंधितः में भगवान का हाथ.

ज़िंदगी पाठ

विश्वास है दिखाया गया नहीं द्वारा गतिविधि, लेकिन आत्मसमर्पण करके ।

बहुत से विश्वासी भगवान की बात मानते हैं लेकिन फिर भी कंट्रोल का बोझ उठाते हैं। हम प्लान बनाते हैं, मैनेज करते हैं, और उम्मीद करते हैं—अक्सर ईमानदारी से—लेकिन बिना आराम किए। धर्मग्रंथ सिखाता है वह सत्य विश्वास विज्ञप्ति ज़रूरत को नियंत्रण परिणाम।

जाने देने का मतलब आज्ञा मानना छोड़ देना नहीं है । मतलब

अलग होना से **चिंता** ।

आस्था परिपक्व कब हम रुकना झुकाव पर समझ और शुरू आराम भगवान के देखभाल.

आईना पल (निजी प्रतिबिंब)

प्रतिबिंबित होना चुपचाप:

- कहाँ हैं आप फिर भी कोशिश कर रहा को नियंत्रण नतीजे?
- क्या बोझ है ईश्वर पूछा आप को मुक्त करना?
- है आपका आज्ञाकारिता चलाया हुआ द्वारा विश्वास या चिंता?

बैठना साथ इन प्रश्न ईमानदारी से।

कार्रवाई के लिए आज्ञाकारिता

आज, अभ्यास **जान-बूझकर मुक्त करना** ।

- पहचान करना एक चिंता आप पास होना गया भार उठाते
- बोलना यह जोर को ईश्वर
- जान-बूझकर मुक्त करना ज़िम्मेदारी के लिए नतीजा

कहना धीरे से:

"भगवान, मैं विश्वास आप साथ यह।"

समूह बहस प्रश्न

1. क्यों है दे जाना अक्सर और जोर से बजाय लेना कार्रवाई?
2. कैसे कर सकना ज़िम्मेदारी चुपचाप मोड़ में चिंता?
3. क्या आचरण मदद विश्वासियों आराम जबकि शेष वफादार?

प्रार्थना

पिता, मैं अपराध स्वीकार करना वह मैं अक्सर ढोना क्या आप कभी नहीं पूछा मुझे को पकड़ो. सिखाओ मुझे को विश्वास आप पूरी तरह से.

मदद मुझे मुक्त करना चिंता और आराम में आपका
देखभाल. मैं जगह प्रत्येक नतीजा में आपका हाथ.
आमीन।

भविष्यवाणी घोषणा

मैं विश्वास ईश्वर साथ प्रत्येक नतीजा।
मैं मुक्त करना नियंत्रण और आराम में
उसका परवाह। भगवान मेरी कोशिश से
भी ज़्यादा वफ़ादार है।
मैं रहना से आराम, नहीं चिंता।

प्रतिबद्धता को आज्ञाकारिता

आज, मैं प्रतिबद्ध को पर भरोसा ईश्वर पूरी तरह से.
मैं इच्छा मुक्त करना नियंत्रण कहाँ ईश्वर है पूछा मुझे को
भरोसा। मैं विश्वास पर आधारित आराम चुनता हूँ।

देखना आगे को दिन पच्चीस

जैसा अगस्टीन सीखा को होने देना जाना, कुछ सुंदर पालन किया:

आनंद लौटा—नहीं से सफलता, लेकिन से आराम।

कल हम इच्छा अन्वेषण करना:

कैसे आनंद प्रवाह कब आत्मा टिकी हुई है में ईश्वर।

दिन पच्चीस

आनंद वह आता है आराम से

K **ईवाई केंद्र शास्त्रों**

"में आपका उपस्थिति है परिपूर्णता का आनंद।"

—भजन 16:11

"द आनंद का भगवान है आपका ताकत।"

—नहेमायाह 8:10

"आना को मुझे... और मैं इच्छा देना आप आराम।"

—मैथ्यू 11:28–29

"आप इच्छा रखना उसे में उत्तम शांति, किसका दिमाग है रुके पर आप।"

—यशायाह 26:3

ऑगस्टीन का रहते थे पल

में बाद में साल का उसका ज़िंदगी, **अगस्टीन का हिप्पो** की खोज की ए आनंद वह पहले के सीज़न में पता नहीं था।

यह था नहीं आनंद का उपलब्धि। पहचान

की खुशी नहीं।

नहीं यहां तक की आनंद का सफलता में

मिनिस्ट्री। यह **आराम** का आनंद था ।

जैसे-जैसे ऑगस्टीन ने कंट्रोल छोड़ना और भगवान पर पूरा भरोसा करना सीखा, चिंता कम होती गई। इसका पकड़। प्रयास वह एक बार प्रभुत्व उसका आंतरिक ज़िंदगी फीका पड़ गया। जो बचा वह एक शांत, स्थिर खुशी थी जो हालात में नहीं, बल्कि

भगवान की मौजूदगी में थी।

आनंद था नहीं अब कुछ वह यह कुछ ऐसा बन गया जिसमें वह रहता था।

ज़िंदगी पाठ

आनंद है फल का आराम, प्रयास नहीं .

कई विश्वासी कामयाबी, पक्का यकीन, या स्पिरिचुअल काम के ज़रिए खुशी ढूंढते हैं। इंजील यह सिखाती है कुछ अलग: आनंद प्रवाह सहज रूप में जहां आत्मा ईश्वर में विश्राम करती है।

खुशी के लिए परफेक्ट हालात की ज़रूरत नहीं

होती। इसके लिए पक्का भरोसा चाहिए।

कब आराम के स्थान पर प्रयास करना, आनंद उभरता है—नहीं जैसा उत्तेजना, लेकि जैसा

ताकत ।

आईना पल (निजी प्रतिबिंब)

प्रतिबिंबित होना प्रार्थनापूर्वक:

- कहाँ पास होना आप गया चाह रहा है आनंद के माध्यम से कोशिश?
- क्या है चिंता चुराया हुआ आनंद से में आपका ज़िंदगी?
- कैसे हो सकता है आराम में ईश्वर पुनर्स्थापित करना आनंद?

अनुमति दें आत्मा को फिर से संगठित करना आपका अपेक्षाएं।

कार्रवाई के लिए आज्ञाकारिता

आज, अभ्यास **आनंदित आराम** ।

- तय करना अलग समय को केवल होना में भगवान का उपस्थिति
- करना नहीं पूछना के लिए कुछ भी
- प्राप्त करें भगवान का निकटता साथ कृतज्ञता

आनंद अक्सर रिटर्न कब हम रुकना बहुत अपेक्षाएँ रखने वाला परिणाम।

समूह बहस प्रश्न

1. क्यों करना हम संबंद्ध करना आनंद साथ सफलता की अपेक्षा बजाय आराम?
2. कैसे करता है चिंता इरोड आनंद?
3. क्या आचरण मदद विश्वासियों रहना से आराम बजाय का प्रयास कर रहे हैं?

प्रार्थना

पिता, धन्यवाद आप के लिए आनंद वह आता है से आराम में आप.

रिलीज़ मुझे से प्रयास वह चुरा शांति।

पुनर्स्थापित करना आनंद को मेरा आत्मा जैसा मैं

विश्वास आप पूरी तरह से. मैं प्राप्त करें आपका

आनंद जैसा मेरा ताकत।

आमीन।

भविष्यवाणी घोषणा

आनंद का भगवान है मेरा ताकत. मैं

रहना से आराम, नहीं से दबाव।

आनंद प्रवाह से भगवान का उपस्थिति में मेरा

जीवन। मेरी आत्मा उसमें स्थिर और सुरक्षित

है।

प्रतिबद्धता को आज्ञाकारिता

आज, मैं प्रतिबद्ध को जीविका से आराम

करो। मैं कोशिश करके खुशी के पीछे

नहीं भागूंगा।

मैं प्राप्त करें आनंद वह प्रवाह से पर भरोसा ईश्वर।

देखना आगे को दिन छब्बीस

जैसा आनंद बसे हुए में ऑगस्टीन का दिल, ईश्वर तैयार उसे के लिए कुछ कोमल और पवित्र:

परिष्करण कुंआ।

कल हम इच्छा अन्वेषण करना:

कैसे ए ज़िंदगी एंकर में ईश्वर तैयार के लिए ए शांतिपूर्ण खत्म करना।

दिन छब्बीस फिनिशिंग कुंआ

K **ईवाई केंद्र शास्त्रों**

"मैं पास होना लड़ा अच्छा झगड़ा करना, मैं पास होना खत्म दौड़, मैं पास होना रखा आस्था।"

—2 टिमोथी 4:7

"होने देना हम दौड़ना साथ धैर्य दौड़ वह है तय करना पहले हम।"

—इब्रा 12:1

"होना वफादार जब तक मौत, और मैं इच्छा देना आप ताज का ज़िंदगी।"

—रहस्योद्घाटन 2:10

"द अंत का ए मामला है बेहतर बजाय इसका शुरुआत।"

—ऐकलेसिस्टास 7:8

ऑगस्टीन का रहते थे पल

में समापन साल का उसका ज़िंदगी, **अगस्टीन का हिप्पो** किया नहीं धीमा क्योंकि उसका विश्वास कमज़ोर हो गया था।

वह धीमा क्योंकि उसका केंद्र तेज किया हुआ।

वह नहीं अब मापा ज़िंदगी द्वारा उत्पादकता, लेकिन द्वारा **वफ़ादारी** . वह सीखा था वह शुरुआत प्रेरित करना, लेकिन अंत गवाही दें. अनेक शुरू कुंआ; कुछ अच्छी तरह खत्म करो । अगस्टीन था दृढ़ निश्चय वाला को खत्म करना साथ उसका विश्वास अखंड, उसका दिल कोमल, और उसकी आशा परमेश्वर पर टिकी हुई थी।

वह रहते थे साथ अंत में दृश्य—नहीं भयभीत होकर, लेकिन ईमानदारी से.

ज़िंदगी पाठ

परिष्करण कुंआ है लक्ष्य का शिष्यत्व।

इंजील करता है नहीं जश्न मनाना कैसे जोर से हम शुरू करना, लेकिन कैसे ईमानदारी से हम सहते हैं। अच्छा खत्म करने के लिए लगातार बने रहना, विनम्रता, पछतावा और भरोसा ज़रूरी है—खासकर कब ताकत फीका पड़ना और दृश्यता घट जाती है।

परिष्करण कुंआ मतलबः

- शेष वफादार कब नहीं एक है देख रहे
- पर भरोसा ईश्वर कब क्षमता गिरावट आती है
- होल्डिंग आशा कब परणाम हैं पूरा

ईश्वर मान **भक्ति को अंत** ।

आईना पल (निजी प्रतिबिंब)

प्रतिबिंबित होना प्रार्थनापूर्वक:

- क्या करता है "परिष्करण कुंआ" अर्थ को आप?
- क्या आदतें या मनोवृत्ति सकना धमकी देना दीर्घकालिक वफ़ादारी?
- हैं आप जीविका आज में ए रास्ता आप चाहेंगे होना आभारी के लिए बाद में?

होने देना ईश्वर आकार आपका परिप्रेक्ष्य आगे उपस्थित पल।

कार्रवाई के लिए आज्ञाकारिता

आज, अभ्यास **अंत-उन्मुख वफ़ादारी** .

- पहचान करना एक आदत या मुद्रा वह इच्छा मदद आप खत्म करना कुंआ
- को मजबूत यह जानबूझकर आज
- मुक्त करना कुछ भी वह सकना समझौता दीर्घकालिक आज्ञाकारिता

खत्म करना कुंआ द्वारा जीविका कुंआ अब।

समूह बहस प्रश्न

1. क्यों है परिष्करण कुंआ अक्सर और जोर से बजाय शुरुआत मज़बूत?
2. कैसे करता है शाश्वत परिप्रेक्ष्य आकार दैनिक फैसले?
3. क्या आचरण बनाए रखना भक्ति ऊपर ए जीवनभर?

प्रार्थना

पिता, मदद मुझे रहना साथ अंत में देखें. सिखाएँ

मुझे को कीमत भक्ति ऊपर तालियाँ। मज़बूत करें मुझे को सहन करना साथ आशा और भरोसा। मैं अपनी दौड़ अच्छी तरह खत्म करना चाहता हूँ। आमीन।

भविष्यवाणी घोषणा

मैं इच्छा खत्म करना मेरा दौड़ साथ

आस्था बरकरार। भगवान का अनुग्रह

बनाए मुझे को अंत।

मैं अवशेष वफादार में प्रत्येक मौसम का

ज़िंदगी अच्छी तरह खत्म होती है।

प्रतिबद्धता को आज्ञाकारिता

आज, मैं लंबे समय तक वफ़ादारी के साथ जीने का वादा

करता हूँ। इच्छा बनाना विकल्प वह सम्मान ईश्वर जब

तक अंत।

मैं विश्वास ईश्वर को ढोना मुझे के माध्यम से प्रत्येक मौसम।

देखना आगे को दिन सत्ताईस

जैसे ही ऑगस्टीन ने अच्छी तरह से खत्म करने की तैयारी की, भगवान ने उस पर एक आखिरी, गंभीर बात डाली सच:

हमारा ज़िंदगियाँ जारी रखना को बोलना बाद हम हैं गया।

कल हम इच्छा अन्वेषण करना:

क्या यह मतलब को होना पढ़ना द्वारा पीढ़ियों अभी तक अजन्मा।

दिन सत्ताईस

ए ज़िंदगी वह जारी है बात करने के लिए

K **ईवाई केंद्र शास्त्रों**

"आप हैं हमारा पत्र... ज्ञात और पढ़ना द्वारा सभी पुरुष।"

— 2 कुरिन्थियों 3:2–3 "होने

के नाते मृत, वह फिर भी बोलता

है।"

— इब्रा 11:4

"द याद का न्याय परायण धन्य है।"

— कहावत का खेल 10:7

"इसलिए चमक आपका रोशनी पहले पुरुष, वह वे मई देखना आपका अच्छा काम करता है और स्वर्ग में अपने पिता की महिमा करो।"

— मैथ्यू 5:16

ऑगस्टीन का रहते थे पल

कब **अगस्टीन का हिप्पो** संपर्क किया अंत का उसका सांसारिक यात्रा, उन्हें याद किए जाने की चिंता नहीं थी।

वह था संबंधित साथ प्राणी **वफादार**।

वह बहुत पहले ही समझ गए थे कि भगवान को सौंपे गए जीवन चुप्पी में खत्म नहीं होते। वे बोलते रहते हैं—नाम से नहीं, बल्कि फल से। ऑगस्टीन किया नहीं रहना को बनाएं ए परंपरा; वह रहते थे को आज्ञा का पालन करना ईश्वर। अभी तक आज्ञाकारिता ने एक ऐसा संदेश लिखा जो उससे भी ज़्यादा समय तक रहा।

उनका जीवन एक पत्र बन गया—जिसे पीढ़ियों, संस्कृतियों और सदियों तक पढ़ा

गया। इसलिए नहीं कि वे परफेक्ट थे।
लेकिन क्योंकि वह था उपज.

ज़िंदगी पाठ

वफादार ज़िंदगियाँ जारी रखना को बोलना बाद वे हैं गया।

धर्मग्रंथ सिखाता है कि आज्ञाकारिता उस पल से आगे भी गूंजती है। शब्द फीके पड़ जाते हैं, लेकिन फल अवशेष। प्रभाव का ए आत्मसमर्पण कर दिया ज़िंदगी अक्सर पहुँचता है स्थानों व्यक्ति कभी नहीं कल्पना और टाइम्स वे कभी नहीं रहते थे को देखना।

हम हैं हमेशा लिखना कुछ:

- के माध्यम से हमारा विकल्प
- के माध्यम से हमारा चरित्र
- के माध्यम से हमारा आज्ञाकारिता

सवाल है नहीं चाहे हमारा ज़िंदगियाँ इच्छा बोलो—लेकिन **क्या वे इच्छा कहते हैं** . **मिरर मोमेंट (पर्सनल रिफ्लेक्शन)**

प्रतिबिंबित होना सावधानी से:

- क्या संदेश है आपका ज़िंदगी वर्तमान में लिखना?
- अगर अन्य पालन किया आपका उदाहरण, कहाँ चाहेंगे यह नेतृत्व करना उन्हें?
- क्या करना आप चाहना आपका आज्ञाकारिता को कहना लंबा बाद आप हैं गया?

अनुमति दें अनंतकाल को सूचित करना उपस्थित।

कार्रवाई के लिए आज्ञाकारिता

आज, रहना साथ **जान-बूझकर गवाह** ।

- चुनना एक कार्रवाई वह दर्शाता ईसा मसीह स्पष्ट रूप से
- बोलना सच धीरे कहाँ मौन चाहेंगे गुमराह
- रहना होशपूर्वक, जानने आपका ज़िंदगी है प्राणी पढ़ना

भक्ति आज लिखते हैं कल गवाही।

समूह बहस प्रश्न

1. कैसे करना ज़िंदगियाँ जारी रखना को बोलना आगे शब्द?
2. क्या अलग है तक चलने वाले आध्यात्मिक प्रभाव से अस्थायी प्रभाव?
3. कैसे कर सकना साधारण आज्ञाकारिता आकार असाधारण परंपरा?

प्रार्थना

पिता, याद दिलाना मुझे वह मेरा ज़िंदगी है प्राणी पढ़ना। मदद मुझे रहना में ए रास्ता वह सम्मान आप आगे आज। मेरी आज्ञाकारिता दूसरों से सच्चाई, कृपा और आशा बोले। लिखो आपका संदेश स्पष्ट रूप से के माध्यम से मेरा ज़िंदगी। आमीन।

भविष्यवाणी घोषणा

मेरा ज़िंदगी है ए जीविका पत्र मसीह का . परमेश्वर की सच्चाई मेरी आज्ञाकारिता के ज़रिए साफ़ लिखी गई है। मेरी वफ़ादारी मेरे जीवन भर बोलती रहेगी। मैं रहना को महिमामंडन ईश्वर में प्रत्येक पीढ़ी।

प्रतिबद्धता को आज्ञाकारिता

आज, मैं प्रतिबद्ध को जीविका जान-बूझकर पहले ईश्वर और मैं अपने जीवन को ईमानदारी से मसीह को दिखाने दूँगा। मैं चुनना आज्ञाकारिता वह बोलता है आगे मुझे।

देखना आगे को दिन अट्ठाईस

जैसे-जैसे यात्रा खत्म होने वाली है, भगवान हमारा ध्यान आखिरी बार अंदर की ओर मोड़ते हैं:

कैसे करना हम रहना दैनिक साथ अनंतकाल में देखना?

कल हम इच्छा अन्वेषण करना:

जीविका प्रत्येक दिन जैसा ए वफादार राजदूत का मसीह.

दिन अट्ठाईस

मसीह के राजदूत के रूप में जीना प्रत्येक दिन

K **ईवाई केंद्र शास्त्रों**

"अब तब, हम हैं राजदूतों के लिए मसीह, जैसा यद्यपि ईश्वर हमारे ज़रिए गुहार लगा रहे थे।"

— 2 कुरिन्थियों 5:20

"जैसा वह है, इसलिए हैं हम में यह दुनिया।"

— 1 यूहन्ना 4:17

"आप हैं रोशनी का दुनिया।"

— मैथ्यू 5:14

"आचरण स्वयं बुद्धिमानी से की ओर बाहरी लोग."

— कुलुस्सियों 4:5

ऑगस्टीन का रहते थे पल

द्वारा अंतिम मौसम के का उसका ज़िंदगी, **अगस्टीन का हिप्पो** नहीं अब विश्वास को व्यवहार से अलग किया।

आस्था था नहीं कुछ वह यह कुछ

ऐसा था जो उन्होंने *मूर्त रूप दिया था*

।

हर बातचीत, फ़ैसले और जवाब का वज़न था—इसलिए नहीं कि वह चाहता था प्रभाव, लेकिन क्योंकि वह समझा प्रतिनिधित्व। अगस्टीन वह जानता था कि अब वह सिर्फ़ अपने लिए नहीं बोल रहा था। उसका जीवन उस मसीह का प्रत्यक्ष गवाह था

जिसकी उसने घोषणा की थी।

वह रहते थे जागरूक वह ईसा मसीह था प्राणी व्याख्या के माध्यम से उसे।

ज़िंदगी पाठ

राजदूत व्यक्तिगत राय का प्रतिनिधित्व नहीं करते हैं - वे अधिकार का प्रतिनिधित्व करते हैं।

धर्मग्रंथ सिखाता है कि विश्वासी धरती पर मसीह के प्रतिनिधि हैं। एक राजदूत संदेश नहीं बनाता; वह उसे ईमानदारी से आगे बढ़ाता है । संदेश है अक्सर निर्णय लिया जाता है द्वारा आचरण का संदेशवाहक.

जीविका जैसा एक राजदूत का मतलब है:

- स्थिरता बीच में आस्था और व्यवहार
- जागरूकता वह कार्रवाई बातचीत करना धर्मशास्त्र
- दैनिक भक्ति में साधारण क्षणों

इंजील है अक्सर पहला का सामना के माध्यम से ज़िंदगियाँ, नहीं उपदेश।

आईना पल (निजी प्रतिबिंब)

प्रतिबिंबित होना सावधानी से:

- क्या चित्र का ईसा मसीह करता है आपका दैनिक ज़िंदगी उपस्थित?
- कहाँ हो सकता है आपका व्यवहार खंडन आपका स्वीकारोक्ति?
- करना आप रहना जान-बूझकर जैसा ए प्रतिनिधि—या संयोग से जैसा ए विश्वास करनेवाला?

होने देना ईश्वर परिशोधित आपकी जागरूकता।

कार्रवाई के लिए आज्ञाकारिता

आज, अभ्यास **जान-बूझकर प्रतिनिधित्व** .

- चुनना एक साधारण इंटरैक्शन
- पूछना अपने आप को: *कैसे चाहेंगे ईसा मसीह होना का प्रतिनिधित्व किया यहाँ?*
- जवाब देना तदनुसार—के साथ अनुग्रह, सच, धैर्य, या साहस

राजदूत है रहते थे एक पल पर ए समय।

समूह बहस प्रश्न

1. क्या करता है यह वास्तव में अर्थ को रहना जैसा मसीह का राजदूत?
2. कैसे करना रोज रोज कार्रवाई आकार कैसे अन्य मसीह को देखो ?
3. क्या चुनौतियां बनाना सुसंगत प्रतिनिधित्व कठिन?

प्रार्थना

पिता, मैं मसीह का प्रतिनिधित्व करने की ज़िम्मेदारी स्वीकार करता हूँ । मेरा शब्द, क्रियाएँ, और मनोवृत्ति साथ आपका दिल. चलो मेरा ज़िंदगी प्रतिबिंबित होना सच मैं प्रोफ़ेसर. मदद मुझे रहना जान-बूझकर जैसा आपका राजदूत.

आमीन.

भविष्यवाणी घोषणा

मैं पूर्वाह्न मसीह का राजदूत में यह दुनिया। मेरा ज़िंदगी दर्शाता उसका सच, प्यार, और अधिकार। मैं हर जगह ईमानदारी से मसीह का प्रतिनिधित्व करता हूँ।

ईश्वर है महिमा के माध्यम से मेरा आज्ञाकारिता।

प्रतिबद्धता को आज्ञाकारिता

आज, मैं प्रतिबद्ध को जीविका जान-बूझकर जैसा मसीह का राजदूत. मैं इच्छा संरेखित मेरा दैनिक ज़िंदगी साथ संदेश मैं ढोना।

मैं चुनना वफादार प्रतिनिधित्व ऊपर सुविधा।

देखना आगे को दिन उनतीस

जैसा यात्रा करीब पहुँचता है समापन, ईश्वर लाता है हम को ए अंतिम आंतरिक आसनः

जीविका तैयार।

कल हम इच्छा अन्वेषण करनाः

क्या यह मतलब को रहना तैयार—बिना डर—के लिए अनंतकाल।

दिन उनतीस जीवित तैयार के लिए

अनंतकाल

K **ईवाई केंद्र शास्त्रों**

"पढ़ाना हम को संख्या हमारा दिन, वह हम मई पाना ए दिल का बुद्धि।"

— भजन 90:12

"के लिए को मुझे, को रहना है मसीह, और को मरना है पाना।"

— फिलिप्पियों 1:21

"इसलिए वह हम मई पास होना आत्मविश्वास और नहीं होना शर्मिंदा पहले उसे पर उसका आगमन।

— 1 यूहन्ना 2:28

"तय करना आपका दिमाग पर चीज़ें ऊपर, नहीं पर चीज़ें पर धरती।"

— कुलुस्सियों 3:2

ऑगस्टीन का रहते थे पल

में अंतिम मौसम का उसका ज़िंदगी, **अगस्टीन का हिप्पो** रहते थे साथ एक अनंत काल की अटूट जागरूकता।

डर से नहीं. साथ

डर. लेकिन साथ

स्पष्टता .

वह नहीं अब चिपके रहे को समय। वह भण्डारी यह। अगस्टीन समझा कि जीवित तैयार के लिए अनंतकाल किया नहीं अर्थ वापस लेना से जीवन-यह मतलब हर दिन

हमेशा एक जैसा जीना।

मौत था नहीं अब एक रुकावट। यह एक

बदलाव था।

क्योंकि उसका ज़िंदगी था गया आदेश दिया की ओर ईश्वर, अनंतकाल अनुभव किया परिचित इसके बजाय विदेशी।

ज़िंदगी पाठ

तत्परता के लिए अनंतकाल का उत्पादन शांति में उपस्थित।

इंजील कभी नहीं कॉल विश्वासियों को डर अनंतकाल। यह कॉल हम को रहना **तैयार** कब ईसा मसीह है केंद्र का ज़िंदगी, अनंतकाल बन जाता है निरंतरता—नहीं नुकसान।

जीविका तैयार मतलब:

- होल्डिंग सांसारिक चीजें शिथिल रूप से
- चलना दैनिक में पछतावा और आज्ञाकारिता
- एंकरिंग आशा आगे समय

वे कौन रहना तैयार करना नहीं जल्दबाज़ी करना जीवन-वे **भुनाना** यह।

आईना पल (निजी प्रतिबिंब)

प्रतिबिंबित होना चुपचाप:

- अगर आज थे आपका अंतिम दिन, क्या चाहेंगे अवशेष अनसुलझा?
- क्या संलग्नक बनाना अनंतकाल अनुभव करना दूरस्थ की अपेक्षा बजाय आशावा
- हैं आप जीविका तैयार—या केवल मान लिया जाये समय?

होने देना आत्मा लाना कोमल स्पष्टता, नहीं चिंता।

कार्रवाई के लिए आज्ञाकारिता

आज, अभ्यास **शाश्वत संरेखण** ।

- पता एक अनसुलझे आज्ञाकारिता या संबंध
- मुक्त करना एक सांसारिक लगाव वह रखती है आपका दिल बहुत मज़बूती से
- धन्यवाद ईश्वर के लिए आशा का अनंतकाल

तत्परता बढ़ता है के माध्यम से जान-बूझकर संरेखण।

समूह बहस प्रश्न

1. क्यों करता है अनंतकाल अक्सर अनुभव करना अमूर्त की अपेक्षा बजाय उपस्थित?
2. कैसे करता है जीविका तैयार चाहना दैनिक प्राथमिकताएं?
3. क्या मदद करता है विश्वासियों रहना तैयार बिना डर?

प्रार्थना

पिता, पढ़ाना मुझे को रहना साथ अनंतकाल में देखें.

हटाएँ डर और प्रतिस्थापित करें यह साथ

आश्वासन.

मुझे अपने दिन समझदारी और आज्ञाकारी तरीके से बिताने में मदद करें । रहना तैयार—नहीं डर—लेकिन सुरक्षित में आप. आमीन.

भविष्यवाणी घोषणा

मैं रहना तैयार के लिए अनंतकाल।

मेरा आशा है एंकर आगे यह ज़िंदगी।

मैं शांति, भरोसे और आज्ञाकारिता में चलता हूँ। मसीह मेरा जीवन है—अभी और हमेशा के लिए।

प्रतिबद्धता को आज्ञाकारिता

आज, मैं प्रतिबद्ध को जीविका तैयार के लिए अनंत काल। मैं इच्छा आदेश मेरा ज़िंदगी अनुसार को शाश्वत सच।

मैं चुनना तत्परता जड़ें मसीह में .

तीसवाँ दिन लिखित द्वारा

ईश्वर, नहीं द्वारा पुरुषों

K **ईवाई केंद्र शास्त्रों**

"आप हैं हमारा पत्र लिखा हुआ में हमारा दिल, ज्ञात और पढ़ना द्वारा सभी पुरुष; स्पष्ट रूप से आप हैं एक पत्र का मसीह... लिखा हुआ नहीं साथ आईएनके लेकिन द्वारा आत्मा जीवित परमेश्वर का।"

— 2 कुरिन्थियों 3:2–3

"द्वारा उनका फल आप इच्छा जानना उन्हें।"

— मैथ्यू 7:16

"होने देना आपका रोशनी इसलिए चमक पहले पुरुष।"

— मैथ्यू 5:16

"क्योंकि परमेश्वर ही है जिसने तुम्हारे अन्दर अपनी भलाई के लिये इच्छा और काम, दोनों बातें उत्पन्न की हैं।" आनंद।"

— फिलिप्पियों 2:13

ऑगस्टीन का रहते थे पल

अपनी ज़िंदगी के इस पड़ाव पर, **हिप्पो के ऑगस्टीन ने** कुछ ऐसा समझ लिया था जो कई मानने वाले कभी पूरी तरह समझ नहीं पाते:

उसका ज़िंदगी था नहीं अब निजी।

इसलिए नहीं कि वह ध्यान खींचना चाहता था—बल्कि इसलिए कि बात मानने से **सबूत मिलते हैं** । ऑगस्टीन जानता था कि उसकी सबसे मज़बूत गवाही उसकी लिखी

बातें, उपदेश या तर्क नहीं थे। यह उसके चरित्र में बसा परमेश्वर का दिखने वाला काम था।

वह था एक बार कोशिश की को लेखक उसका अपना
पहचान। अब, उसने भगवान को लिखने की अनुमति
दी।
इंसान कहानियों को एडिट कर
सकते हैं। भगवान लिखते हैं
परिवर्तन .

ज़िंदगी पाठ

प्रत्येक ज़िंदगी कहता है ए कहानी—चाहे जानबूझकर या नहीं।

धर्मग्रंथ कहता है कि विश्वासी जीवित अक्षर हैं, जिन्हें दुनिया लगातार पढ़ती है। सवाल है नहीं *अगर* हम हैं प्राणी पढ़ना, लेकिन **कौन है कर रहा है लिखना** ।

ए ज़िंदगी लिखा हुआ द्वारा पुरुषों है आकार द्वारा:

- संस्कृति
- दबाव
- डर का राय

ए ज़िंदगी लिखा हुआ द्वारा ईश्वर है आकार द्वारा:

- आज्ञाकारिता
- पछतावा
- अनुग्रह
- सच

केवल एक का उत्पादन फल वह टिकता है.

आईना पल (निजी प्रतिबिंब)

बैठना सावधानी से साथ इन प्रश्न:

- कौन है गया आकार देने आपका कहानी सबसे—ईश्वर या लोग?
- क्या संदेश करता है आपका मौजूदा जीवन शैली बातचीत करना?
- अगर कोई "पढ़ना" आपका ज़िंदगी, क्या चाहेंगे वे सीखना के बारे में मसीह?

आत्मा को तुम्हारे शब्दों को नहीं, बल्कि तुम्हारे **पैटर्न को जांचने दो** ।

एक्शन के लिए आज्ञाकारिता

आज, जान-बूझकर जमा करना आपका कहानी को ईश्वर।

- पहचान करना एक क्षेत्र कहाँ आप पास होना अनुमत बाहरी आवाज को आकार आप

- समर्पण यह जान-बूझकर को पवित्र आत्मा
- प्रार्थना करना यह ज़ोर से:

  "भगवान, लिखना आपका सच में मेरा ज़िंदगी।"

आज्ञाकारिता है भगवान का स्याही.

समूह बहस प्रश्न

1. क्या करता है यह अर्थ को होना ए "जीविका पत्र" में व्यावहारिक शर्तें?
2. कैसे करता है संस्कृति कोशिश करना को लेखक हमारा पहचान?
3. क्यों करता है दृश्यमान फल मामला अधिक बजाय मौखिक स्वीकारोक्ति?

प्रार्थना

पिता, मैं उपज मेरा ज़िंदगी को आप जैसा लेखक: जो

आपने नहीं लिखा है उसे मिटा दें।

लिखना आपका सच में मेरा चरित्र।

होने देना मेरा ज़िंदगी बातचीत करना ईसा मसीह स्पष्ट रूप से

को दुनिया. आमीन.

भविष्यवाणी घोषणा

मेरा ज़िंदगी है लिखा हुआ द्वारा ईश्वर, नहीं द्वारा पुरुष.

आत्मा का जीविका ईश्वर आकार मेरा चरित्र। मेरी

आज्ञाकारिता मसीह की गवाही देती है।

मैं पूर्वाह्न ए जीविका पत्र, पढ़ना द्वारा दुनिया .

प्रतिबद्धता को आज्ञाकारिता

आज, मैं परमेश्वर के सामने जानबूझकर जीने का वादा

करता हूँ । इच्छा नहीं अनुमति दें संस्कृति या दबाव को

परिभाषित करना मुझे।

मैं चुनना को होना लिखा हुआ द्वारा आत्मा का जीविका ईश्वर।

देखना आगे को दिन इकतीस

अब वह हम समझना **कौन है लिखना** , हम अवश्य सामना होना **क्या उत्पादित होता है** .

दिन इकतीस जब नहीं एक है देख

रहे

A **परिदृश्य को प्रवेश करना**

यह है एक साधारण पल।

नहीं घोषणा।

नहीं गवाहों.

नहीं दबाव से कोई भी वरना, आपके

पास चुनने के लिए अकेले ही

विकल्प हैं।

यह इतना छोटा है कि अगर आप इसे अनदेखा कर दें तो किसी को पता नहीं चलेगा। सही है पर्याप्त वह आप सकना व्याख्या करना यह दूर। शांत पर्याप्त वह यह महसूस करता तुच्छ.

और अभी तक आप संकोच करना।

नहीं क्योंकि का नतीजे। रेप्युटेशन की

वजह से नहीं।

लेकिन क्योंकि कुछ में आप जानता है:

यह पल है प्राणी लिखा हुआ . शांत सत्य

अधिकांश का ज़िंदगी है नहीं रहते थे पर ए अवस्था।

यह उन कमरों में जिया जाता है जहाँ कोई ताली नहीं बजाता, उन फैसलों में जिन्हें कोई रिकॉर्ड नहीं करता, उन विचारों में जहाँ कोई ताली नहीं बजाता नहीं एक सुनता है.

इंजील कभी नहीं व्यवहार करता है इन क्षणों जैसा तटस्थ। यह उन्हें **रचनात्मक** मानता है ।

क्या आप अभ्यास में गुप्त अंततः प्रकट होता है में जनता।

शास्त्र जैसा गवाह

"आपका पिता कौन देखता है में गुप्त इच्छा इनाम आप खुले तौर पर।"

— मैथ्यू 6:6

"वह कौन है वफादार में क्या है कम से कम है वफादार भी में अधिकता।"

— ल्यूक 16:10

"खोज मुझे, हे ईश्वर, और जानना मेरा दिल।"

— भजन 139:23

ए कोमल अनुदेश

क्या होगा अगर आज आप **बिना इनाम के बात मानने की प्रैक्टिस करें** ? इसलिए नहीं कि इस पर ध्यान दिया जाएगा।

नहीं क्योंकि यह इच्छा होना तारीफ़

की। लेकिन क्योंकि भगवान

देखता है।

सही जवाब चुनें। बताएं सच आप

सकना छिपाना।

उस आदत से दूर रहें जिसके बारे में किसी को पता

नहीं चलेगा। इस पल को सिर्फ़ भगवान का होने

दें।

ए सवाल को बैठना साथ

अगर यह पल थे केवल पृष्ठ कोई कभी पढ़ना का आपका जीवन, क्या चाहेंगे

यह कहना के बारे में कौन आप हैं बन रहा है?

सवाल को जल्दबाज़ी में न पूछें। उसे

आपको पढ़ने दें।

ए सरल कार्रवाई

आज, पहचान करना **एक निजी पल** और चुनना आज्ञाकारिता वहाँ। इसकी

घोषणा मत करो।

करना नहीं अभिलेख

यह।

करना नहीं व्याख्या

करना यह।

होने देना यह होना

पूजा करना।

ए प्रार्थना (चुपचाप बोला)

पिता,

पढ़ाना मुझे को रहना पहले आप, नहीं पहले लोग. फॉर्म मेरा चरित्र कहाँ नहीं एक देखता है.

लिखना सच में छिपा हुआ स्थानों का मेरा जीवन.

मैं गुप्त रूप से वफ़ादारी चुनता हूँ.

आमीन।

ए कोमल घोषणा

मैं रहना पहले आँखें का ईश्वर।

मेरा आज्ञाकारिता करता है नहीं निर्भर करना पर दृश्यता।

मैं चुनना भक्ति कब नहीं एक निगरानी कर रहा है ।

देखना आगे को दिन बत्तीस

कल, सेटिंग परिवर्तन.

लोग देख रहे *हैं*—लेकिन वे आपको गलत समझ रहे हैं। हम पता लगाएंगे:

दिन बत्तीस – कब आप गलत समझा जाता है

कैसे ए जीविका पत्र प्रतिक्रिया कब पढ़ना गलत तरीके से.

दिन बत्तीस

कब आप हैं गलत समझा

A **परिदृश्य को प्रवेश करना**

आप मतलब कुंआ।

आपका इरादा साफ़ था. आपके

शब्द सोच-समझकर लिखे गए थे

. फ़ैसला था प्रार्थनापूर्ण.

अभी तक किसी तरह, क्या अन्य सुना था नहीं क्या आप मतलब. जो

उन्होंने सोचा था, वह वह नहीं था जो आप ले गए थे.

क्या वे दोहराया गया था नहीं क्या वास्तव में हुआ। आपको

समझाने की इच्छा होती है।

को सही रिकॉर्ड। अपना

बचाव करने के लिए।

और आप विराम।

शांत तनाव

, बात मानने के सबसे मुश्किल अनुभवों में से एक है ।

यह महसूस करता अन्यायपूर्ण।

यह महसूस करता उजागर करना।

यह महसूस करता पसंद मौन हो सकता है देखना पसंद अपराध बोध.

लेकिन पवित्र शास्त्र कभी वादा नहीं करता कि आज्ञाकारिता का हमेशा सही मतलब निकाला जाएगा। कभी-कभी, वफ़ादारी का परीक्षण विरोध से नहीं, बल्कि

गलत तरीके से पढ़ने से होता है।

क्या आप करना अगला मामले अधिक बजाय क्या था कहा।

शास्त्र जैसा गवाह

"कब वह था निन्दा की, वह किया नहीं गाली देना में वापस करना।"

— 1 पीटर 2:23

"ए अच्छा नाम है की अपेक्षा को होना चुना हुआ बजाय महान धन।"

— कहावत का खेल 22:1

"प्रतिबद्ध आपका रास्ता को भगवान... और वह करेगा लाना यह को उत्तीर्ण।"

— भजन 37:5

ए कोमल अनुदेश

क्या होगा अगर आज आप **सफाई के बजाय अपने किरदार पर भरोसा करें** ? नहीं प्रत्येक गलतफहमी आवश्यकताओं ए प्रतिक्रिया।

हर आरोप के लिए सफाई की ज़रूरत नहीं होती।

हर चुप्पी हार मानना नहीं होती।

कभी-कभी, सबसे विश्वसनीय प्रतिक्रिया स्थिर रहना होता है - समय, सत्य, और फल को बोलना अधिक स्पष्ट रूप से बजाय रक्षा कभी सकना।

ए सवाल को बैठना साथ

करना आप विश्वास ईश्वर पर्याप्त को होने देना उसे **सही साबित करें** , या आप कहानी को कंट्रोल करने के लिए ज़िम्मेदार महसूस करते हैं ? सवाल निपटारा करना पहले आप उत्तर यह।

ए सरल कार्रवाई

आज, एक गलतफहमी को ठीक करने की इच्छा को रोकें ।

स्थायी रूप से।

नहीं लेकिन

प्रार्थनापूर्वक पूछें

ईश्वरः

"है मेरा प्रतिक्रिया आवश्यक— या है मेरा स्थिरता पर्याप्त?"

तब कार्य इसलिए।

ए प्रार्थना (चुपचाप बोला)

पिता,

आप देखना क्या अन्य गलत पढ़ा.

पढ़ाना मुझे को जवाब देना साथ बुद्धि, नहीं डरो। मेरी इज़्ज़त के लिए तुम पर भरोसा करने में मेरी मदद करो।

मैं जगह मेरा नाम में आपका देखभाल.

आमीन.

ए कोमल घोषणा

मैं करना नहीं कोशिश करना को रक्षा करना मैं खुद को। भगवान है रक्षक का मेरा नाम।

मैं अवशेष वफादार कब गलत समझा गया.

देखना आगे को दिन तैंतीस

कल, तनाव गहरा होता है.

अब कीमत गलतफहमी की नहीं, **रिश्ते की** है ।

हम इच्छा अन्वेषण करना:

दिन तैंतीस – कब सच लागत आप रिश्ते

कैसे ए जीविका पत्र बोलता है ईमानदारी से बिना कोशिश कर रहा को नियंत्रण नतीजा।

दिन तैंतीस

जब सच की कीमत आपको रिश्तों से चुकानी पड़ती है

A **परिदृश्य को प्रवेश करना**

आप किया नहीं योजना दूरी ।

यह धीरे-धीरे हुआ—

ए विराम में बातचीत, लहजे

में बदलाव,

एक अनकहा तनाव।

आप बोला ईमानदारी से, लेकिन नहीं

कठोरता से. आप चुना अखंडता, नहीं फिर भी

, कुछ बदल गया।

रिश्ता अचानक नहीं टूटा । **बह गया** .

और आप अनुभव करना वज़न का यह।

शांत संघर्ष

सच अक्सर किया जाता है ए लागत हम कभी-कभार

तैयार करना अजनबियों से रिजेक्शन नहीं—

लेकिन दूरी से लोग हम देखभाल के बारे में।

इंजील कभी नहीं वादे वह सच इच्छा हमेशा होना स्वागत किया. कभी-कभी यह उन चीज़ों को सामने लाता है, परेशान करता है, या उनमें रुकावट डालता है जिनका सामना करने के लिए दूसरे तैयार नहीं होते। क्षण, प्यार है परीक्षित—नहीं द्वारा मौन, लेकिन द्वारा **वफादार ईमानदारी बिना नियंत्रण के** .

आप नही सकता तय करना कैसे अन्य जवाब

दें। आप कर सकना केवल तय करना कैसे

आप बने रहें। **पवित्र शास्त्र गवाह है**
"पूर्वाह्न मैं अब चाह रहा है अनुमोदन का आदमी, या का ईश्वर?"

— गलाटियन्स 1:10 "बोला

जा रहा है सच में प्यार।"

— इफिसियों 4:15

"सौभाग्यपूर्ण हैं आप कब लोग अपमान करना आप... क्योंकि मेरा ।"

— मैथ्यू 5:11

ए कोमल अनुदेश

बचाने की ज़रूरत छोड़ दें **नतीजे** ? आप कर सकना प्यार गहरा और फिर भी होना असहमत साथ।

आप कर सकना बोलना सच धीरे और फिर भी होना विरोध किया.

आप कर सकना अवशेष वफादार बिना जबरदस्ती सुलह।

आपकी ज़िम्मेदारी बात मानना है।

भगवान का ज़िम्मेदारी है दिल .

ए सवाल को बैठना साथ

हैं आप अधिक डरना का रिश्ते खोना

-या का हार अखंडता?

बैठना साथ सवाल लंबा पर्याप्त को उत्तर ईमानदारी से।

ए सरल कार्रवाई

आज, चुनना भक्ति ऊपर शांति बनाए रखें। पीछे न हटें।

करना नहीं ज़्यादा

समझाएँ। सख़्त न करें।

अवशेष दयालु।

बने रहें सत्यनिष्ठ.

अवशेष खुला—बिना का पीछा करते हुए स्वीकृति।

ए प्रार्थना (चुपचाप बोला)

पिता,

आप जानना लागत का सच बोला में प्यार. मदद मुझे

अवशेष वफादार बिना क्रोध।

रक्षक मेरा दिल से समझौता और से कठोरता। मैं हर रिश्ते में आप पर भरोसा करता हूँ।

आमीन।

ए कोमल घोषणा

मैं चुनना सच बोला में प्यार।

मैं मुक्त करना नियंत्रण ऊपर परिणाम।

मैं अवशेष वफादार, यहां तक की कब यह लागत.

देखना आगे को दिन चौंतीस

कल, केंद्र मोड़ों आंतरिक फिर से। निंदा के लिए नहीं—बल्कि बहाली के लिए। हम देखेंगे:

दिन चौंतीस – कब आप असफल बाद जानने बेहतर

कैसे ए जीविका पत्र प्रतिक्रिया बाद ए ठोकर।

दिन चौंतीस

जब आप बेहतर जानने के बाद भी असफल होते हैं

A **परिदृश्य को प्रवेश करना**

यह आपको आश्चर्य नहीं होता इसकी वजह यह हुआ, लेकिन क्योंकि **आप जानते थे बेहतर** ।

आप था बड़ा हुआ.

आप था सीखा.

आप था हल किया नहीं को वापस करना वहाँ दोबारा।

और फिर भी, आप यहाँ हैं—एक ऐसे पल का सामना कर रहे हैं जिसके बारे में आपको लगा था कि आप उससे आगे निकल चुके हैं। कोई नाटकीय गिरावट नहीं है।

अभी ए शांत जागरूकता।

ए परिचित निराशा।

और ए सवाल गठन नीचे सतह:

"क्या करता है यह कहना के बारे में मुझे अब?"

शांत खतरा

ग्रोथ के बाद फेलियर का एक अलग ही वज़न होता है। यह आपको पछतावा करने के बजाय छिपने के लिए उकसाता है।

को निकालना इसके बजाय वापस करना।

को अभिनय करना ताकत की अपेक्षा बजाय अभ्यास ईमानदारी। लेकिन धर्मग्रंथ कभी भी पछतावे को पीछे हटना नहीं मानता। वह इसे **जारी रखना मानता है** ।

खतरा है नहीं गिर रहा है.

खतरा है नाटक आप नहीं किया.

शास्त्र जैसा गवाह

"अगर हम अपराध स्वीकार करना हमारा पाप, वह है वफादार और अभी को क्षमा करना हम

— 1 जॉन 1:9

"ए न्याय परायण आदमी मई गिरना सात टाइम्स और उठना दोबारा।"

— कहावत का खेल 24:16

"बनाएं में मुझे ए साफ दिल, हे ईश्वर।"

— भजन 51:10

ए कोमल अनुदेश

क्या होगा अगर आज आप **साफ़ पश्चाताप करें** ? नहीं आत्म-

निंदा।

नहीं बहाने बनाना।

बेचैनी को छिपाने के लिए आध्यात्मिक भाषा नहीं।

बस ईमानदारी.

नाम क्या हुआ। लाओ यह

में रोशनी।

कृपा से ईमानदारी वापस आने दें—ज़िम्मेदारी मिटाने न दें।

परफेक्शन से ग्रोथ साबित नहीं होती।

यह है सिद्ध किया हुआ द्वारा **कैसे जल्दी से**

हम वापसी । एक सवाल जिस पर बात

करनी है

कब आप असफल, करना आप कदम **की ओर ईश्वर**

-या चुपचाप खींचो दूर?

होने देना सवाल पढ़ना आपका स्वाभाविक प्रवृत्ति।

ए सरल कार्रवाई

आज, बोलना ईमानदारी से को ईश्वर के बारे में एक

विफलता. नहीं स्पष्टीकरण।

नहीं तुलना. नहीं देरी।

तब लेना एक छोटा कदम को पुनः संरेखित करें—

नहीं को सिद्ध करना कुछ भी, लेकिन को वापस करना पूरी तरह से.

ए प्रार्थना (चुपचाप बोला)

पिता,
मैं अपनी नाकामी आपके सामने बिना छिपाए लाता हूँ। धन्यवाद आप वह अनुग्रह फिर भी की बैठक मुझे यहाँ. पुनर्स्थापित करें मेरा अखंडता और नवीकरण मेरा दिल से। मैं पीछे हटने के बजाय पछतावा चुनता हूँ।
आमीन।

ए कोमल घोषणा

मैं करना नहीं छिपाना बाद असफलता।

कृपा मुझे ठीक करती है और सच्चाई मुझे फिर

से जोड़ती है। मैं फिर से उठता हूँ और

ईमानदारी से आगे बढ़ता हूँ।

देखना आगे को दिन पैंतीस

कल, लेंस परिवर्तन जावक फिर से. यह समय,

पाठक है नहीं संघर्ष कर रहे हैं - उन **पर**

भरोसा किया जा रहा है ।

हम इच्छा अन्वेषण करना:

दिन पैंतीस – कब आप पास होना अधिकार

कैसे ए जीविका पत्र किया जाता है प्रभाव बिना दुरुपयोग यह।

दिन पैंतीस जब आपके पास

अधिकार हो

A **परिदृश्य को प्रवेश करना**

आप सूचना यह धीरे से।

लोग विराम कब आप बोलो। वे

आपकी राय पूछते हैं।

वे समायोजित करना उनका फैसले आधारित पर आपका शब्द।

आप किया नहीं पूछना के लिए यह अंतरिक्ष—लेकिन आप अब पर

कब्जा अथॉरिटी चुपचाप आ गई है ।

नहीं साथ ए शीर्षक।

नहीं साथ एक घोषणा। लेकिन

असर के साथ।

और अब सवाल यह नहीं है कि आप नेतृत्व करते हैं या

नहीं, बल्कि यह है कि **कैसे** ।

शांत परीक्षा

अधिकार बताता है कि गठन ने क्या बनाया है। यह

चरित्र नहीं बनाता।

यह उजागर यह।

अधिकार कर सकना होना इस्तेमाल किया गया को

सेवा करना—या को सुरक्षित करना। रक्षा करना—

या दबाव डालना।

को मार्गदर्शक—या को नियंत्रण।

धर्मग्रंथ अधिकार को प्रबंधन मानते हैं, अधिकार नहीं। आप अधिकार के साथ क्या करते हैं? प्रभाव आकार नहीं केवल परिणाम, लेकिन **लोग** ।

शास्त्र जैसा गवाह

"जो कोई भी इच्छाएँ को बनना महान के बीच आप, होने देना उसे होना आपका नौकर."

— मैथ्यू 20:26

"नहीं प्रभुत्व यह ऊपर वे सौंपा को आप, लेकिन प्राणी उदाहरण।"

— 1 पतरस 5:3

"को किसको अधिकता है दिया गया, अधिकता इच्छा होना आवश्यक।"

— ल्यूक 12:48

ए कोमल अनुदेश

क्या हो अगर आज आप **संयमित लीडरशिप करें** ? हर राय पर
ज़ोर न दें।

नहीं को सही प्रत्येक गलती।

आराम की रक्षा के लिए प्रभाव का उपयोग न
करें। सुनो अब.

बोलना सावधानी से।

इस बात का ध्यान रखें कि आपकी बातों का वज़न होता है।

अधिकार तब सबसे सुरक्षित होता है जब उसे हल्के में लिया
जाए।

ए सवाल को बैठना साथ

करता है आपका प्रभाव बनाना लोग **अधिक मुक्त**

-या अधिक सावधान आस-पास आप?

होने देना सवाल अनावृत करना स्वर, नहीं इरादा।

ए सरल कार्रवाई

आज, उपयोग अधिकार को **रक्षा करना** , नहीं को छाप।

- आमंत्रित करना एक और आवाज़ में एक फैसला
- धीमा नीचे ए प्रतिक्रिया वह सकना परास्त करना
- चुनना देखभाल ऊपर नियंत्रण

होने देना लोग अनुभव करना सुरक्षित अंतर्गत आपका प्रभाव।

ए प्रार्थना (चुपचाप बोला)

पिता,

आप देखना प्रभाव आप पास होना सौंपा को मुझे। मेरे दिल
को घमंड और गलत इस्तेमाल से बचाओ।

पढ़ाना मुझे को नेतृत्व करना साथ विनम्रता और परवाह करो। मेरी अथॉरिटी तुम्हारे दिल को दिखाए।

आमीन।

ए कोमल घोषणा

मैं विनम्रता से असर डालता हूँ। मेरा अधिकार सेवा करता है, कंट्रोल नहीं करता।

ईश्वर आकार अन्य के माध्यम से मेरा वफ़ादारी।

देखना आगे को दिन छत्तीस

कल, परीक्षा बन जाता है अधिक सूक्ष्म. नहीं

अधिकार-

लेकिन **परफॉर्मेंस** ।

हम देखेंगे:

दिन छत्तीस – कब आप हैं परीक्षा को अभिनय करना

कैसे ए जीविका पत्र अवशेष ईमानदार कब दृश्यता बढ़ता है।

दिन छत्तीस

कब आप हैं परीक्षा निष्पादित करना

A **परिदृश्य को प्रवेश करना**

आप सूचना ए बदलाव।

आप हैं अधिक जागरूक का कैसे आप आवाज़। आप कैसे दिखते हैं, इस पर ज़्यादा ध्यान दें।

लोग आपसे क्या उम्मीद करते हैं, इस बारे में ज़्यादा सावधान रहें। है झूठ—लेकिन कुछ महसूस करता **मैनेज हो गया** । आप अभी भी सही काम कर रहे हैं।

फिर भी कह रहा सही शब्द। अभी भी दिख रहे हैं।

अभी तक नीचे यह सभी, वहाँ है दबाव. बात न मानना—
लेकिन को **बनाए रखना** ।

शांत खतरा

प्रदर्शन अक्सर धर स्वयं जैसा ईमानदारी. यह अनुशासन जैसा दिखता है.

यह आवाज़ पसंद भक्ति।

यह ज़िम्मेदारी महसूस कराता है।

लेकिन प्रदर्शन धीरे से के स्थान पर मौजूदगी।

आप यह पूछना बंद कर दें, *"क्या मैं सच बोल*

रहा हूँ?"

और शुरू पूछना, *"कैसे पूर्वाह्न मैं प्राणी महसूस किया?"*

इंजील कभी नहीं कॉल हम को यह हमें

बने रहने के लिए कहता है ।

शास्त्र जैसा गवाह

"यह लोग सम्मान मुझे साथ उनका होंठ, लेकिन उनका दिल है दूर से मुझे।"

— मैथ्यू 15:8

"जो कुछ भी आप करना, करना यह दिल से, जैसा को भगवान।"

— कुलुस्सियों 3:23

"आदमी दिखता है पर जावक उपस्थिति, लेकिन भगवान दिखता है पर दिल।"

— 1 शमूएल 16:7

ए कोमल अनुदेश

क्या हो अगर आज आप **छिपी हुई ईमानदारी की प्रैक्टिस करें** ? कुछ ऐसा ईमानदारी से करें जिसे कोई न देखे।

ईमानदारी से बोलें जहाँ परफॉरमेंस आसान हो । जाना का दबाव को के जैसा लगना सुसंगत-
और चुनना को **होना** सुसंगत।
ईश्वर है नहीं प्रभावित द्वारा वह सत्य से प्रसन्न होता है ।

ए सवाल को बैठना साथ

अगर नहीं एक थे देख रहे,
क्या आपकी बात मानने का तरीका भी वैसा ही दिखेगा? सवाल को चुपचाप खोजने दें।

ए सरल कार्रवाई

आज, मुक्त करना एक प्रदर्शन-संचालित आदत।

- प्रार्थना करना बिना पॉलिश
- सेवा करना बिना प्राणी देखा
- आज्ञा का पालन करना बिना संकेतन यह

होने देना ईमानदारी साँस लेना दोबारा।

ए प्रार्थना (चुपचाप बोला)

पिता,

मुक्त मुझे से ज़रूरत को अभिनय करना।
मेरे दिल को वापस सरल वफ़ादारी की ओर ले
आओ । मेरा आज्ञाकारिता प्रवाह से प्यार, नहीं दबाव.
मैं चुनना ईमानदारी पहले आप।
आमीन।

ए कोमल घोषणा

में करना नहीं अभिनय करना के लिए अनुमोदन।

मेरा आज्ञाकारिता प्रवाह से सच और प्यार।

भगवान मेरा दिल देखता है, और यही काफी

है।

देखना आगे को दिन सैंतीस

कल, टेंशन फिर से बाहर की तरफ शिफ्ट हो

जाएगी। अब यह इस बारे में नहीं है कि आप क्या

करते हैं—

लेकिन क्या आप **करना नहीं**

कहते हैं । हम पता लगाएंगे:

दिन सैंतीस – कब मौन है आसान बजाय गवाह

कैसे ए जीविका पत्र प्रतिक्रिया कब साहस आवश्यक है ।

दिन सैंतीस

कब मौन है आसान गवाह से

A **परिदृश्य को प्रवेश करना**

पल पास जल्दी से।

ए टिप्पणी से बना।

एक मान्यता बिना किसी चुनौती के चलता है ।

एक शांत मौका खुलता है—और बंद होता है।

आपने इसे महसूस किया।

वह आंतरिक धक्का देना.

वह संक्षिप्त जागरूकता: *मैं सकना बोलना यहाँ।*

लेकिन आप नहीं किया.

इसलिए नहीं कि आपने सच को नकार दिया - बल्कि इसलिए कि चुप रहना आसान लगा।

शांत तनाव

चुप्पी शायद ही कभी न्यूट्रल होती है। कभी-कभी यह है ज्ञान. कभी-कभी यह है संयम।

लेकिन कभी-कभी, यह है डर प्रच्छन्न जैसा शांति। धर्मग्रंथ हमें कभी भी लगातार बोलने के लिए नहीं कहते हैं—

लेकिन यह हमें तब वफ़ादार रहने के लिए कहता है जब सच को आवाज़ की ज़रूरत होती है। खतरा ज़ोरदार विरोध नहीं है। यह है शांत चूक।

शास्त्र जैसा गवाह

"जो कोई भी खंडन मुझे पहले पुरुष, उसे मैं इच्छा भी अस्वीकार करना पहले मेरा पिता।"
— मैथ्यू 10:33

"होने देना आपका रोशनी इसलिए चमक पहले पुरुष।"

— मैथ्यू 5:16

"अगर तुम इस समय चुप रहे तो किसी और रास्ते से राहत और छुटकारा मिलेगा"
जगह।"

— एस्थर 4:14

ए कोमल अनुदेश

क्या अगर आज आप अभ्यास **साहसी नम्रता** ? नहीं तर्क।

नहीं टकराव नहीं ।

प्रदर्शन।

सिर्फ़ सच—ज़रूरत पड़ने पर शांति से, सम्मान से और साफ़-साफ़ कहा

गया। आप हैं नहीं जिम्मेदार के लिए कैसे सच है प्राप्त हुआ।
आप हैं जिम्मेदार के लिए चाहे यह है रोक दिया गया।

ए सवाल को बैठना साथ

कब आप रहना चुपचाप,
है यह क्योंकि बुद्धि कॉल के लिए यह -
या क्योंकि डर करता है?
होने देना सवाल अलग दो।

ए सरल कार्रवाई

आज, एक बार बोलो जहाँ तुम आम तौर पर चुप रहते हो । जोर

से।

नहीं बचाव करते

हुए. बस

ईमानदारी से। A

वाक्य।
ए सवाल।
ए शांत स्पष्टता.
होने देना आपका ज़िंदगी होना पढ़ना **जोर से** .

ए प्रार्थना (चुपचाप बोला)

पिता,

मुझे यह समझने की समझ दो कि कब चुप रहना समझदारी है

और कब बचना।

को मजबूत मुझे को बोलना सच साथ विनम्रता और साहस. मैं

चुनना भक्ति ऊपर आराम।

आमीन।

ए कोमल घोषणा

मैं करना नहीं छिपाना मेरा आस्था में मौन।

मैं तब बोलता हूँ जब सत्य को आवाज़ की ज़रूरत होती है। भगवान देता है मुझे साहस साथ नम्रता।

देखना आगे को दिन अड़तीस

कल, परीक्षा है नहीं साहस - यह **धीरज**

है .

हम इच्छा अन्वेषण करना:

दिन अड़तीस – कब आप हैं थका हुआ का प्राणी सुसंगत

कैसे ए जीविका पत्र अवशेष वफादार कब थकावट सेट में।

दिन अड़तीस

कब आप हैं थका हुआ का सुसंगत रहना

A **परिदृश्य को प्रवेश करना**

कुछ नहीं है गलत।

वहाँ है नहीं संकट.

नहीं टकराव।

नहीं नाटकीय

असफलता। बस

पुनरावृत्ति।

वही विकल्प । वही

विषयों.

वही वफादारी—दिन बाद दिन. आप

निराश नहीं हैं.

आप हैं **थका हुआ** ।

और कहीं नीचे थकान, ए सोचा प्रपत्र:

करता है यह फिर भी मामला?

शांत थकावट

कंसिस्टेंसी कभी भी हीरो वाली नहीं

लगती। ऐसा लगता है जैसे किसी

ने ध्यान नहीं दिया।

साधारण .

इंजील कभी नहीं महिमा होती है उत्साह—यह सम्मान धैर्य। वफ़ादारी खत्म समय आकार चरित्र अधिक गहरा बजाय क्षणों का तीव्रता कभी सकना।

खतरा है नहीं रोक एकमुश्त.

यह है **बहाव** —ढीला होना मानकों क्योंकि थकावट फुसफुसाते अनुमति।

शास्त्र जैसा गवाह

"होने देना हम नहीं बढ़ना थका जबकि कर रहा है अच्छा।"

— गलाटियन्स 6:9

"वह कौन सदा को अंत करेगा होना बचा लिया गया।"

— मैथ्यू 24:13

"होना दृढ़, अचल, हमेशा प्रचुर मात्रा में में काम का भगवान।"

— 1 कुरिन्थियों 15:58

ए कोमल अनुदेश

क्या होगा अगर आज आप **बिना महसूस किए वफ़ादारी का सम्मान करें** ? मोटिवेशन की तलाश न करें।

रिन्यूअल का इंतज़ार न करें।

बस अवशेष।

स्थिरता भावना से कायम नहीं रहती - यह दृढ़

विश्वास से कायम रहती है।

ए सवाल को बैठना साथ

क्या आप आज्ञाकारिता में ढील देने के लिए

इसलिए ललचाते हैं क्योंकि यह गलत है—

लेकिन क्योंकि आप हैं थका हुआ?

होने देना सवाल नाम क्या आप अनुभव करना।

ए सरल कार्रवाई

आज, दोहराना एक वफादार अभ्यास **पर उद्देश्य** . नहीं खुद

ब खुद।

नहीं लेकिन

होशपूर्वक.

होने देना आपका स्थिरता बनना एक कार्य का पूजा करना।

ए प्रार्थना (चुपचाप बोला)

पिता,

आप देखना थकावट मैं ढोना।

को मजबूत मुझे को अवशेष वफादार कब ऊर्जा है मेरा धीरज

बढ़ाओ—उत्साह से नहीं, बल्कि कृपा से। मैं यहीं रहना चुनता हूँ। आमीन।

ए कोमल घोषणा

मैं अवशेष वफादार यहां तक की कब मैं पूर्वाह्न थका हुआ।

भगवान का अनुग्रह बनाए मेरा लगातार। मेरी बात मानना अभी भी मायने रखता है।

देखना आगे को दिन उन्तालीस

कल, केंद्र चौड़ा हो जाता है.

आपका ज़िंदगी है प्राणी पढ़ें—नहीं लापरवाही से, लेकिन **करीब से** । हम पता लगाएंगे:

दिन उन्तालीस – कब आपका ज़िंदगी है पढ़ना बारीकी से

कैसे संरेखण बोलता है ज़ोर बजाय इरादा।

दिन उन्तालीस

कब आपका ज़िंदगी है पढ़ना करीब से

A **परिदृश्य को प्रवेश करना**

आप सूचना यह बिना प्राणी बताया।

कोई घड़ियाँ कैसे आप जवाब देना।

नहीं क्या आप कहो—लेकिन क्या आप करना

अगला। आपके विश्वास नहीं—बल्कि आपकी

कंसिस्टेंसी। वे सवाल नहीं पूछते।

वे करना नहीं चुनौती वे बस

देखते हैं।

आपकी ज़िंदगी पढ़ी जा रही

है— धीरे-धीरे, ध्यान से,

चुपचाप । **गंभीर वास्तविकता**

नहीं सभी पाठकों की घोषणा कुछ लोग

चुपचाप पढ़ते हैं।

कुछ पढ़ना ऊपर समय।

कुछ पढ़ना नहीं के लिए प्रेरणा, लेकिन के लिए **सत्यापन** .

इंजील यह सिखाती है वह आस्था है अंततः जांच की गई—नहीं द्वारा इरादा, लेकिन द्वारा फल। कब ज़िंदगियाँ हैं पढ़ना बारीकी से, संरेखण मामले अधिक बजाय स्पष्टीकरण।

कंसिस्टेंसी से क्रेडिबिलिटी बनती है।

इंटीग्रिटी से क्लैरिटी बनती है।

शास्त्र जैसा गवाह

"आप इच्छा जानना उन्हें द्वारा उनके फल।"

— मैथ्यू 7:16

"होने देना आपका आचरण होना योग्य का इंजील का मसीह।"

— फिलिप्पियों 1:27

"उपलब्ध करवाना चीज़ें ईमानदार में दृश्य का सभी पुरुष।"

— रोमनों 12:17

ए कोमल अनुदेश

क्या होगा अगर आज आप **क्वाइट अलाइनमेंट की प्रैक्टिस करें** ? नहीं घोषणाएँ।

नहीं समायोजन के लिए दिखावट.

कोई चुनिंदा बात मानना नहीं.

अभी रहना वही रास्ता—

चाहे देखा या नहीं।

अलाइनमेंट के लिए मेहनत की ज़रूरत नहीं होती। इसके लिए **ईमानदारी की ज़रूरत होती है** ।

ए सवाल को बैठना साथ

अगर कोई पालन किया आपका ज़िंदगी बारीकी से के लिए एक सप्ताह, वे कौन सा सुसमाचार समझेंगे?

करना नहीं उत्तर जल्दी से।

चलो सवाल रुकना। **A**

सरल कार्रवाई

आज, निकालना एक असंगति। नहीं सार्वजनिक रूप से.

नहीं नाटकीय रूप से. लेकिन जानबूझकर.

होने देना आज्ञाकारिता बनना निर्बाध.

ए प्रार्थना (चुपचाप बोला)

पिता,

मैं जो सच कहता हूँ, उसके हिसाब से अपनी ज़िंदगी को आगे बढ़ाऊँ। मेरा व्यवहार मसीह के बारे में साफ़-साफ़ बताए।

गवाह को कन्फ्यूज़ करने वाली उलझनों को दूर करें। मैं आपके सामने ईमानदारी चुनता हूँ।

आमीन।

ए कोमल घोषणा

मेरा ज़िंदगी दर्शाता इंजील मैं विश्वास करो। मैं एकता और ईमानदारी से चलता हूँ।

ईसा मसीह है स्पष्ट रूप से देखा के माध्यम से मेरा आज्ञाकारिता।

देखना आगे को दिन चालीस

कल है नहीं ए सबक। यह एक **भेजना है** ।

आप इच्छा नहीं होना पूछा को सीखना अधिक-

आप इच्छा होना पूछा को **रहना जानबूझकर**

. DAY **चालीस – अब जाना, और होना पढ़ना**

दिन चालीस

अब जाना — और होना पढ़ना

A **अंतिम दृश्य को प्रवेश करना**

आप पास होना पहुँच गया अंत का पृष्ठ.

वहाँ है नहीं तालियाँ.

नहीं निष्कर्ष लपेटा हुआ बड़े करीने

से। बस इसी पल।

यह शांत जागरूकता कि और कुछ सीखने की ज़रूरत नहीं है— सिर्फ़

रहते थे .

आप हैं नहीं अब केवल ए पाठक. आप हैं

अब जारी है। **अंतिम सत्य**

इंजील था कभी नहीं मतलब को अंत पर कागज़.

यह था मतलब को होना **सन्निहित** .

इन दिनों आपको जो मिला है, वह सिर्फ़ जानकारी नहीं है। यह एक तरह का प्रशिक्षण है।

संरेखण।

आमंत्रण।

अब, आपका ज़िंदगी बन जाता है पाठ।

परिवार द्वारा पढ़ा गया।

पढ़ना द्वारा अजनबी.

पढ़ना द्वारा वे कौन कभी नहीं खुला ए बाइबल।

खुद भगवान ने पढ़ी।

शास्त्र जैसा अंतिम गवाह

"आप हैं हमारा पत्र... ज्ञात और पढ़ना द्वारा सभी पुरुष।"

— 2 कुरिन्थियों 3:2–3

"द्वारा उनका फल आप इच्छा जानना उन्हें।"

— मैथ्यू 7:16

"जैसा पिता है भेजा मुझे, मैं भी भेजना आप।"

— जॉन 20:21

ए वाचा को बनाना (पढ़ना धीरे से)

आज, आप हैं नहीं पूछा को वादा परफेक्शन. आप हैं पूछा

को वादा **वफ़ादारी** .

ईमानदारी से जीना

। पछताना जल्दी

से। चुपचाप बात

मानना। गहराई से

प्यार करना।

लगातार सहना। नहीं को

होना प्रभावशाली - लेकिन

सच है .

ए निजी प्रतिबद्धता

(पढ़ना जोर अगर संभव)

मैं प्रतिबद्ध को जीविका जैसा ए जीविका पत्र का

मसीह. मैं चुनना आज्ञाकारिता ऊपर सुविधा।

सच्चाई, परफॉर्मेंस से ज़्यादा। वफ़ादारी

ऊपर अनुमोदन।

मैं इच्छा अनुमति दें मेरा ज़िंदगी को होना पढ़ना स्पष्ट रूप से।

मैं इच्छा टहलना में संरेखण कब नहीं एक देखता है.

मैं इच्छा प्रतिनिधित्व करना ईसा मसीह साथ विनम्रता

और हिम्मत. मेरा जीवन भगवान का है.

मेरा गवाह अंतर्गत आता है को दुनिया.

आमीन.

ए अंतिम घोषणा

मैं पूर्वाह्न लिखा हुआ द्वारा आत्मा का जीविका हे

भगवान! मेरा जीवन मसीह के सुसमाचार को

दर्शाता है।

मैं अपनी पीढ़ी में एक वफ़ादार गवाह हूँ ।

जाना अब रहना क्या मैं विश्वास।

ए भेजना प्रार्थना

पिता,

हम मुक्त करना यह पाठक में दुनिया जैसा आपका जीविका पत्र।

उनकी ईमानदारी की रक्षा करें।

को मजबूत उनका आज्ञाकारिता।

होने देना उनका ज़िंदगी बोलना स्पष्ट रूप से कहाँ शब्द असफल।

मई ईसा मसीह होना देखा के माध्यम से

फल सत्य की गवाही दें।

मई उनका गवाह सहना।

भेजना उन्हें-
नहीं को अभिनय करना,
लेकिन को रहना ईमानदारी से पहले आप.

आमीन.

अब जाना

बंद करना

किताब खोलें

आपका जीवन।

और पढ़ा जाए।

निष्कर्ष

पृष्ठ समाप्त होता है — गवाह जारी है

T उसका किताब था कभी नहीं मतलब को होना पूरा हुआ और तय करना एक तरफ.
यह था मतलब को **निशान ए मोड़** .

आप जिस दौर से गुज़रे हैं, वह सिर्फ़ भक्ति का कोई सिलसिला, इतिहास पर सोचना या कोई आध्यात्मिक काम नहीं है। यह जीने के एक ऐसे तरीके का न्योता है जो इंजील स्वयं मांगों लेकिन संस्कृति अक्सर से बचा जाता है: ए ज़िंदगी वह कर सकना होना **पढ़ना** ।

ईसाई धर्म को कभी भी पन्नों, उपदेश-मंचों तक सीमित रखने के लिए नहीं बनाया गया था, या निजी दोषसिद्धि। से शुरुआत, भगवान का इरादा है यह स्पष्ट था—उसका सत्य हृदयों पर लिखा जाएगा, जीवन के माध्यम से व्यक्त किया जाएगा, और दृश्यमान फल के माध्यम से दुनिया द्वारा व्याख्यायित किया जाएगा।

यह है वज़न का प्राणी ए जीविका पत्र.

ज़िंदगी का अगस्टीन याद दिलाता है हम वह परिवर्तन है नहीं तुरंत, बात मानना आसान नहीं है, और वफ़ादारी बिना कीमत के नहीं है। फिर भी उसकी हमेशा की गवाही एक और ज़रूरी बात साबित करती है: जब कोई ज़िंदगी दी जाती है को भगवान का लेखकत्व, यह बन जाता है पढ़ने योग्य आर-पार सदियों।

वही आत्मा जिसने ऑगस्टीन के दिल पर लिखा था, अब आपके दिल पर भी लिखती है । निष्कर्ष का यह किताब करता है नहीं पूछना आप को प्रशंसा करना वह सच।

यह आह्वान आप को **अवतार लेना** यह।

इस पॉइंट से आगे, आपकी ज़िंदगी बोलती रहेगी—चाहे जानबूझकर हो या अनजाने में। यह आपके निजी फ़ैसलों में, बेफिक्र पलों में, दुख और सहनशीलता में, अधिकार और विनम्रता में, पछतावे और हिम्मत में पढ़ी जाएगी।

सवाल यह नहीं है कि आपकी ज़िंदगी पढ़ी जाएगी या नहीं। सवाल यह

है **कि यह इच्छा कहना** ।

मई यह बोलना सच बिना विरूपण।

यह बिना किसी प्रदर्शन के फल दे। यह

प्रतिबिंबित होना ईसा मसीह बिना समझौता।

और जब आपकी ज़िंदगी की जाँच हो—लोग, समय, और आखिर में भगवान—तो यह साफ़ हो कि आपने जीवित भगवान की आत्मा को आज़ादी से, ईमानदारी से और पूरी तरह से लिखने दिया।

किताब बंद यहाँ. गवाह

करता है नहीं।

जाओ—और रहना क्या आप विश्वास।

पुकारना को कार्रवाई

ए साझेदारी के लिए फसल

A जैसे ही आप यह किताब बंद करते हैं, हम आपको इस सफ़र को एक कदम और आगे ले जाने के लिए आमंत्रित करते हैं—न कि केवल में आपका अपना ज़िंदगी, लेकिन में ज़िंदगियाँ का अनगिनत आत्माओं
आर-पार राष्ट्रों.

अगर संदेशों से भगवान का गरुड़ मंत्रालयों (रत्न) पास होना मजबूत, जागृत, या पुनः संगठित आपका दिल, हम विनम्रतापूर्वक पूछना आप को इस बारे में प्रार्थना **साझेदारी** पर विचार करें **साथ हम के लिए कारण का फसल काटना** । दुनिया है भूखा के लिए सच्चाई, उम्मीद, और पवित्र आत्मा की कोमल लेकिन साफ़ आवाज़, और साथ मिलकर हम कर सकते हैं जगह इन संदेशों कहाँ वे हैं आवश्यकता है अधिकांश।

हम विश्वास मिडिया है अधिक बजाय प्रौद्योगिकी—यह है ए **आध्यात्मिक जाल** ढालना देशों, गांवों, शहरों और छिपी हुई जगहों में गहराई तक । फिल्म, वीडियो, रेडियो और डिजिटल के ज़रिए मंत्रालय, जीईएम है तक पहुँचने लोग कौन मई कभी नहीं प्रवेश करना ए गिरजाघर, लेकिन किसका दिल हैं चौड़ा खुला को सामना करना जीविका मसीह.

आपका साझेदारी हमारी मदद करता है :

1. उत्पादन करना आत्मा-भरा पतली परत और वीडियो सामग्री

ऐसी कहानियाँ और शिक्षाएँ जो यीशु के प्यार को साफ़, समझने लायक और ज़िंदगी बदलने वाले तरीकों से ठीक करती हैं, प्रेरित करती हैं और दिखाती हैं।

2. प्रसारण इंजील पर रेडियो

परमेश्वर के वचन को जेलों, अस्पतालों, ग्रामीण समुदायों और दूर-दराज के स्थानों तक ले जाना आगे इंटरनेट पहुँचो—जहाँ आशा है अपर्याप्त और सच है कीमती।

3. बढ़ाना हमारा सामाजिक मिडिया शिक्षण और शागिर्दी अभियान

रोज़ाना भक्ति, प्रार्थना और शिक्षाएँ जो विश्वासियों को मज़बूत करती हैं, परिवारों को ठीक करती हैं, और दुनिया भर में शिष्यों को तैयार करती हैं।

क्यों आपका सहायता मैटर्स

प्रत्येक संदेश जारी किया बन जाता है ए बीज का रोशनी।

प्रत्येक शिक्षण बन जाता है ए तरंग का परिवर्तन.

प्रत्येक कार्य का उदारता बन जाता है भाग का भगवान का वैश्विक फसल काटना।

आपका दे रही है मदद करता है यह मंत्रालय पहुँचना आत्माओं हम मई कभी नहीं मिलो पर धरती, लेकिन होगा निश्चित रूप से मिलो में अनंतकाल। वहाँ है नहीं तय राशि—देना केवल जैसा प्रभु नेतृत्व करते हैं आप। प्रत्येक उपहार, बड़ा या छोटा, नाटकों ए भाग में आगे बढ़ने साम्राज्य।

को साथी या देना:

PayPal : https://www.pa ypal.com/ncp/payment/D6NEFW56KG8LU **Tithe.ly:** https://tithe.ly/give?c=308311

फ़्लटरवेव – https://flutterwave.com/donate/bbkpkokehxlw

सभी देने रास्ते:

https : //www.ot akada.org/partnership-giving

हमारे साथ खड़े रहने के लिए धन्यवाद।

धन्यवाद आप के लिए बुवाई में फसल काटना।

धन्यवाद आप के लिए मदद करना हम लाना संदेश का ईसा मसीह को राष्ट्रों.

प्रभु आपको भरपूर आशीर्वाद दें, आपको बहुत बढ़ाएं, और उनकी महिमा के लिए आपके बोए गए हर बीज को बढ़ाएं।

में यीशु का ताकतवर नाम, आमीन।

—राजदूत सोमवार ओ ओगबे, जकारिया गॉडसीगल; आराम लाडी ओगबे

संस्थापक, गॉड्स ईगल मिनिस्ट्रीज़ (GEM)

www.otakada.org[1]

1. http://www.otakada.org

कैसे को होना जन्म दोबारा और शुरू ए नया मसीह के साथ जीवन

M अयबे आपने चला साथ यीशु पहले, या शायद आपने अभी मिले उसके माध्यम से इन 40 दिन. लेकिन सही अब, कुछ अंदर आप है हिलाना।

तुम तैयार के लिए अधिक बजाय धर्म.

आप तैयार के लिए **संबंध** ।

तुम तैयार को कहना, "यीशु, मैं ज़रूरत आप।"

सच यह है:

"क्योंकि सब ने पाप किया है; हम सब परमेश्वर के महिमामय मानक से कम हैं... फिर भी परमेश्वर, में उसका अनुग्रह, आज़ादी बनाता है हम सही में उसका दृश्य।"

— रोमनों 3:23–24 (एनएलटी)

आप नहीं कर सकता कमाना

मोक्ष। आप खुद को ठीक

नहीं कर सकते।

लेकिन यीशु पहले से चुकाया गया भरा हुआ कीमत — और वह इंतज़ार में को स्वागत आप घर पर हो।

कैसे को होना जन्म दोबारा

प्राणी जन्म दोबारा मतलब आत्मसमर्पण आपका ज़िंदगी को यीशु — स्वीकार करना उसकी क्षमा, यह विश्वास करना कि वह मरा और फिर जी उठा, और उसे अपना प्रभु के रूप में स्वीकार करना और उद्धारकर्ता.

इसका सरल। इसका ताकतवर। यह परिवर्तन सब कुछ।

ज़ोर से प्रार्थना करें:

"भगवान यीशु, मैं विश्वास आप हैं बेटा का भगवान. मैं विश्वास आप मृत के लिए मेरा पापों और गुलाब दोबारा।

मैं अपराध स्वीकार करना वह मैं पास होना पाप और मैं ज़रूरत आपका माफ़ी। आज, मैं पछताना और मोड़ से मेरा पुराना तौर तरीकों।

मैं आमंत्रित करना आप में मेरा ज़िंदगी को होना मेरा भगवान और उद्धारकर्ता. धोएँ मुझे साफ। भरना मुझे साथ आपका आत्मा।

मैं घोषित मैं पूर्वाह्न जन्म दोबारा, माफ़ कर दिया, और मुक्त।

से यह दिन आगे, मैं इच्छा अनुसरण करना आप - और

मैं इच्छा रहना में आपका कदम.

धन्यवाद आप के लिए बचत मुझे। में यीशु का नाम, आमीन।

अगला कदम बाद मोक्ष

1. **कहना कोई** – शेयर करना आपका फ़ैसला साथ ए विश्वास करनेवाला आप भरोसा करते हैं.
2. **खोजो ए बाइबिल आधारित गिरजाघर** – जोड़ना ए समुदाय वह यह सिखाती है परमेश्वर का वचन और ज़िंदगियाँ यह बाहर। मिलने जाना भगवान का गरुड़ मंत्रालयों ऑनलाइन https ://www.ot akada.org या https://chat.whatsapp.com/ H67spSun32DDTma8TLh0ov के ज़रिए
3. **पाना बपतिस्मा** – लेना अगला कदम सार्वजनिक रूप को घोषित तुम्हारा विश्वास।
4. **पढ़ना बाइबिल दैनिक** – शुरू साथ इंजील का जॉन.
5. **प्रार्थना करना प्रत्येक दिन** – बात करना को ईश्वर जैसा ए दोस्त और पिता।
6. **जुड़े रहें** – अपने आस-पास ऐसे लोगों को रखें जो आपके नए काम को बढ़ावा दें।
7. **शुरू ए शागिर्दी प्रक्रिया अंदर समुदाय** – विकास करना एक पर एक संबंध साथ यीशु ईसा मसीह के जरिए इन लिंक

40-दिन का शिष्यत्व 1 - https : //www.ot akada.org/get-free-40-days-online-यीशु के साथ यात्रा में शिष्यत्व का पाठ्यक्रम/

40 शागिर्दी 2 - https : //www.ot akada.org/get-free-40-days-dna-of-यीशु के साथ शिष्यत्व यात्रा श्रृंखला 2/

मेरा मोक्ष पल

तारीख : ________________________

हस्ताक्षर : ________________________

"अगर कोई भी है में मसीह, वह है ए नया निर्माण; पुराना है उत्तीर्ण दूर, नया है आना!"

— 2 कुरिन्थियों 5:17

प्रमाणपत्र का नया ज़िंदगी में ईसा मसीह

मोक्ष घोषणा– जन्म दोबारा अनुग्रह द्वारा

यह प्रमाणित वह

____

(भरा हुआ नाम)

है सार्वजनिक रूप घोषित **आस्था में यीशु ईसा मसीह**

जैसा भगवान और मुक्तिदाता और है प्राप्त मुक्त उपहार का उनकी

मृत्यु और पुनरुत्थान के माध्यम से मुक्ति ।

"अगर आप खुले तौर पर घोषित वह यीशु है भगवान और विश्वास में आपका दिल वह परमेश्वर ने उठाया उसे से मृत, आप इच्छा होना बचा लिया गया।"

— रोमनों 10:9 (एनएलटी)

इस दिन स्वर्ग खुश होता है और एक नई यात्रा शुरू होती है।

फैसले की तारीख :_________________________

हस्ताक्षर : ________________________________

मोक्ष घोषणा

"आज, मैं समर्पण मेरा ज़िंदगी को यीशु मसीह.

मैं विश्वास वह मृत के लिए मेरा पापों और गुलाब

फिर से. मैं प्राप्त करें उसे जैसा मेरा भगवान और

उद्धारकर्ता.

मैं पूर्वाह्न माफ़ कर दिया, जन्म दोबारा, और बनाया नया।

से यह पल आगे, मैं इच्छा टहलना में उसका कदम।" परमेश्वर

के परिवार में आपका स्वागत है!

आपका नाम है लिखा हुआ में मेमने का किताब का जीवन.

आपका कहानी है अभी शुरुआत — और इसका शाश्वत।

जोड़ना साथ भगवान का गरुड़ मंत्रालयों

- वेबसाइट: www.otakada.org [1]
- संपत्ति आगे चिंता श्रृंखला: www.wealthbeyondworryseries.com [2]
- ईमेल: ambassador@otakada.org

- **सहायता यह काम:**

सहायता साम्राज्य परियोजनाएं, मिशन, और मुक्त वैश्विक अनुबंध के तहत दिए जाने वाले दान के ज़रिए संसाधन।

स्कैन क्यूआर कोड को देना

https://tithe.ly/give?c=308311

आपका उदारता मदद करता है हम पहुँचना अधिक आत्माएं, अनुवाद संसाधन, मिशनरियों का समर्थन करें, और निर्माण शागिर्दी प्रणाली विश्व स्तर पर। धन्यवाद आप!

1. https : //www.ot akada.org

2. https : //www.w ea l thbeyondworryseries.com

लेखक जैव

जकारिया गॉडसीगल

A **लेखक • अध्यापक • काल्पनिक नेता**

ज़ाकारियास गॉडसीगल वचन के एक जोशीले शिक्षक और मसीह के शरीर के लिए एक समझदार आवाज़ हैं। आध्यात्मिक समझ के लिए एक अनोखी कृपा लेकर, जकारिया मंत्रियों साथ स्पष्टता, भविष्यवाणी गहराई, और ए विश्वासियों को पवित्रता, भक्ति और मसीह के प्रति सच्चे समर्पण के साथ चलते हुए देखने की दिली इच्छा।

गॉड्स ईगल मिनिस्ट्रीज़ (GEM) के काम में एक को-लेबरर के तौर पर, वह एक अहम भूमिका निभाते हैं। महत्वपूर्ण भूमिका में आकार देने शागिर्दी सामग्री, लिखित रोशनी, और मीडिया-आधारित आउटरीच वह छू लेती है ज़िंदगियाँ आर-पार डिजिटल और भौतिक सीमाएँ। उसका लेखन केंद्र पर आंतरिक परिवर्तन, आज्ञाकारिता, और बहाली मसीह को विश्वासी के हृदय के सिंहासन तक पहुँचाओ।

ज़ाकारियास एक साधारण विश्वास से प्रेरित हैं: **जब दिल एक साथ होता है, तो भाग्य संरेखित करता है।**

वह टीचिंग, मेंटरशिप और स्पिरिट से भरे क्रिएटिव प्रोजेक्ट्स के ज़रिए दुनिया भर के दर्शकों तक पहुँचते रहते हैं।

राजदूत सोमवार ओ ओगबे

लेखक • मिशनरी कम्युनिकेटर • संस्थापक, गॉड्स ईगल मिनिस्ट्रीज़ (रत्न)

गॉड्स ईगल मिनिस्ट्रीज़ (GEM) के संस्थापक हैं - यह एक वैश्विक मिशन है जिसका उद्देश्य "लोगों को जोड़ना" है। को ईश्वर के माध्यम से उसका शब्द।" ज्ञात के लिए उसका गहन जुनून के लिए सच्चाई, भावनात्मक कहानी और भविष्यवाणी की शिक्षा के ज़रिए, वह देशों में सेवा करता है लिखना, पॉडकास्टिंग, फिल्म निर्माण, डिजिटल सुसमाचार प्रचार, और शिष्यत्व।

लीडरशिप, मीडिया और मिशन में बैकग्राउंड रखने वाले, एम्बेसडर मंडे किया जाता है ए अंतर-सांस्कृतिक अभिषेक वह प्रतिध्वनित से अफ्रीका को एशिया, अमेरिका, यूरोप और मिडिल ईस्ट। उनकी शिक्षाएँ विश्वास करने वालों के दिल की छिपी लड़ाइयों का सामना करती हैं—लालच, पहचान की लड़ाई, आध्यात्मिक संतुष्टि, और जटिल कटाव का आत्मीयता साथ ईश्वर।

वह कई भक्ति साहित्य, बुक सीरीज़ और मल्टीमीडिया टीचिंग के लेखक हैं, जो otakada.org और GEM के डिजिटल प्लेटफॉर्म के ज़रिए लाखों लोगों तक पहुँचते हैं।

उसका ज़िंदगी संदेश है सरल लेकिन गहरा:

"कब ईसा मसीह बैठता पर केंद्र, सब कुछ अन्य लेता है इसका सही जगह।"

आराम लाडी ओगबे

लेखक • हिमायती • सह मजदूर में मंत्रालय

कम्फर्ट लाडी ओगबे एक लेखिका, मध्यस्थ और किंगडम असाइनमेंट में सह-श्रमिक हैं का भगवान का गरुड़ मंत्रालयों. प्रतिभाशाली साथ करुणा, विवेक, और ए पोषण आत्मा, वह लाता है भावनात्मक गहराई और आध्यात्मिक ग्राउंडिंग हर प्रोजेक्ट में जिसे वह हाथ लगाती है।

विनम्रता की खुशबू होती है , बुद्धि, और उपचारात्मक। आराम मंत्रियों के माध्यम से परामर्श, प्रार्थना, शिष्यत्व और रचनात्मक सहयोग, खासकर उन कार्यों में जो परिवार की बहाली, आध्यात्मिक परिपक्वता और हृदय परिवर्तन पर जोर देते हैं।

एक लेखक के तौर पर, वह अपने अनुभव और आध्यात्मिक विश्वास के आधार पर लिखती हैं, और पढ़ने वालों को मसीह में पूरी तरह से जीने के लिए साफ़ समझ, आराम और हिम्मत देती हैं।

कम्फर्ट विश्वासियों को न केवल ज्ञान में, बल्कि दैनिक जीवन में भी परमेश्वर का अनुभव करने में मदद करने के लिए प्रतिबद्ध है - जहाँ हृदय विश्वास करना, समर्पण करना और फलना-फूलना सीखता है।

लेखक पेज:

https://www.amazon.com/stores/Zacharias-Godseagle/author/

B0FCZ89D4K

अनुशंसित पुस्तकें और संसाधन

नवीनीकरण 7

ठीक होना दिल का आपका घर में 7 दिन

नवीनीकरण श्रृंखला – परिवार एकता संस्करण

जोड़ना को किताब किताबचा - https://shop.ingramspark.com/b/084?params=htyfL002e1JzyEpZWkKtaXWF5FJ1jZFOjgiQKEfcbnw

लिंक को वीरांगना पृष्ठ किताबचा - https://www.amazon.com/RENEWAL-Heal-Heart-Your-Renewal/dp/B0GD92153W

अमेज़न ईबुक का लिंक –

https://www.amazon.com/RENEWAL-Heal-Heart-Your-Renewal-ebook/डीपी/B0G91BMFND

स्कैन मुझे –

नवीनीकरण 7: ठीक होना दिल का आपका घर में 7 दिन

नवीनीकरण श्रृंखला — परिवार एकता संस्करण

पेपरबैक का लिंक - https://shop.ingramspark.com/b/084?params=nSEElv9oUsItOu5akVZlg4ycGbbmvlBOtSiqeOZr5yQ

Amazon **पेपरबैक का लिंक** - https://www.amazon.com/RENEWAL-

MARRIAGE-Heart-Marriage-Renewal/dp/B0GDC1YZJ7

Amazon Ebook का लिंक - https://www.amazon.com/RENEWAL-MARRIAGE-Heart-Marriage-Renewal-ebook/dp/B0G6JXJWJL

सिंहासन का दिल – 12 लड़ाई हम अवश्य जीतना

अमेज़न ई-पुस्तक - https://www.amazon.com/THRONE-HEART-COVETOUSNESS-Counterfeit-Contentment-ebook/dp/ B0G4SPFRY7

Amazon पेपरबैक - https://www.amazon.com/THRONE-HEART- लोभ-नकली-संतुष्टि/dp/ B0G4TKW1ND

INGRAMSPARK से पेपरबैक - https://shop.ingramspark.com/b/084?params=a75LJXtvvI63VnzeQPleQTkAJWfu8CPQV615Oe31D80

4 में 1 उपदेश द्वारा जकारिया गॉडसीगल साथ ऑडियो जोड़ना –

अमेज़न ईबुक लिंक - https://www.amazon.com/Sermons-Zacharias- Godseagle-Audio-links-ebook/dp/B0G4XCH4TW

Amazon पेपरबैक - https://www.am azon.com/Sermons-Zacharias-Godseagle-Audio-links/dp/B0G4TK4XGT

पेपरबैक इनग्राम स्पार्क लिंक - https://shop.ingramspark.com/b/084?params=nK2JERskkbhdAOSNseTUNRhaCFqUPZuhB4uYfqrXvGb

तीर्थ कोड: ऐ जागृति

THE LOGOS PROTOCOL SERIES | 1
PILGRIM CODE
AI AWAKENING
A prophetic sci-fi thriller where faith collides with artificial intelligence, and light wars against the code.
ZACHARIAS GODSEAGLE
AMBASSADOR MONDAY O. OGBE
COMFORT LADI OGBE

ई-पुस्तक - https://www.am azon.com/Logos-Protocol-Awakening-artificial-intelligence-ebook/dp/B0FXNQFSWZ

पेपरबैक - https://www.am azon.com/Logos-Protocol-Awakening-artificial-intelligence/dp/B0FXNGR66D

हार्डबैक - https://www.am azon.com/Logos-Protocol-Awakening-कृत्रिम-बुद्धि/dp/B0FZNTQR6Y

पेपरबैक इनग्रामस्पार्क - https://shop.ingramspark.com/b/084?params=QkK4aNYTYO9U5z9uOkdHgc7Ue1eGDLqbb1tz9WRPaSk

क्यों मुक्ति विफल रहता है - और कैसे आग का ईश्वर पुनर्स्थापित आत्मा: 40 दैनिक घोषणाओं के लिए सभी दौर मुक्ति

ईबुक - https://www.amazon.com/Why-Deliverance-Fails-Declarations-ऑल-राउंड-ईबुक/dp/B0FW74L4G4

पेपरबैक - https://www.amazon.com/Why-Deliverance-Fails-घोषणाएँ-ऑल-राउंड/dp/B0FWB3LXRM

सहेजा गया लेकिन खो गया - अशिक्षित बदलना - अनुवाद में 25 भाषा

पेपरबैक https://shop.ingramspark.com/b/084?पैरामीटर=iYNB6S3PLMfREpm0jMM15bMe3BvWlkjcYyLYnHVGAds

ईबुक - https://www.am azon.com/SAVED-BUT-LOST-UNDISCIPLED-heartbreak-ebook/dp/B0FVJ29DF7

7 दिन का आध्यात्मिक युद्ध और वसूली - यह है भाग 1

बाइंडिंग दुश्मन, रिटर्निंग तीर सात गुना, और पुनर्स्थापित कर रहा है आपका भाग्य

https://shop.ingramspark.com/b/
084?params=8mPzqUl73Ex7uPyeO7ydyt8EGkkB6u2gX1jZvWU8j1C

ई -बुक लिंक - https://www.amazon.com/DAYS-SPIRITUAL-WARFARE-RECOVERY-Returning-ebook/dp/B0FMPJM5KZ

7 दिन का आध्यात्मिक युद्ध और वसूली - भाग 2 - सील विजय, टूटने के परिवार दुष्टता, और संरक्षण आपका पुनर्स्थापित तकदीर

पेपरबैक - https://shop.ingramspark.com/b/084?params=LkpNmGSsApHhWhiSO7bW3wFmcXQKIO4ZEBeSbP5rL1S

ईबुक - https://www.am azon.com/DAYS-SPIRITUAL-WARFARE-RECOVERY-Wickedness-ebook/dp/B0FR9YCMY8

से अंधेरा को डोमिनियन: 40 दिन को तोड़ना मुक्त से अंधेरे की छिपी पकड़

ए वैश्विक धार्मिक का जागरूकता, मुक्ति और शक्ति - व्यक्तियों के लिए, परिवार, और राष्ट्र तैयार को होना मुक्त

पेपरबैक https://shop.ingramspark.com/b/084?params=aVgp21QfwJxNANkfMxIQ0yejuFCVY12KFr978SRkZUD

अमेज़न लिंक - https://www.am azon.com/DARKNESS-DOMINION-Devotional-Awareness-Deliverance-ebook/dp/B0FLDH2Y67

- ***पहुंचा दिया से शक्ति का अंधेरा* (पेपरबैक)** — खरीदना यहाँ [1] | ई-पुस्तक पर अमेज़न [2]

- **शीर्ष समीक्षा से यूनाइटेड राज्य:**
  - **किंडल ग्राहक** : "द श्रेष्ठ ईसाई पढ़ना कभी!" (5 सितारे)

इस गवाही के लिए यीशु की तारीफ़ करें। मुझे बहुत आशीर्वाद मिला है और मैं हर किसी को यह सलाह दूँगा एक को पढ़ना यह किताब... के लिए वेतन का पाप है मौत लेकिन उपहार का परमेश्वर अनंत जीवन है। शालोम! शालोम!

- **दा गस्टर** : "यह है ए बहुत दिलचस्प और की अपेक्षा अजीब किताब।" (5 सितारे)

अगर क्या है कहा में किताब है सत्य तब हम वास्तव में हैं रास्ता पीछे पर क्या दुश्मन है काबिल का कर रहा है! ... ए अवश्य के लिए कोई भी चाहते हैं को सीखना आध्यात्मिक के बारे में युद्ध.

- **वीज़ा** : "प्यार यह किताब" (5 सितारे)

1. https://shop.ingramspark.com/b/084?params=oeYbAkVTC5ao8PfdVdzwko7wi6IQimg JY2779NaqG4e

2. https://www.am azon.com/Delivered-Power-Darkness-AFRICAN-DELIVERED-ebook/dp/B0CC5MM4MV

यह है एक आँख ओपनर... ए सत्य स्वीकारोक्ति... हाल ही में मैं पास होना गया खोज के लिए यह हर जगह को खरीदना यह। इसलिए खुश को पाना यह से अमेज़न.

- **फ्रैंकजेएम** : "अत्यंत अलग" (4 सितारे)

यह किताब मुझे याद दिलाती है कि असली आध्यात्मिक युद्ध कितना बड़ा होता है। यह मुझे यह भी याद दिलाती है कि के लिए डाल पर "भरा हुआ कवच का ईश्वर।"

- **जेनजेन** : "सब लोग कौन चाहता हे को जाना को स्वर्ग- पढ़ना यह!" (5 सितारे)

यह किताब बदल गया मेरा ज़िंदगी इसलिए अधिकता। एक साथ साथ जॉन रामिरेज़ का गवाही, यह इच्छा बनाना आप देखना पर आपका आस्था अलग ढंग से. मैंने पढ़ना यह 6 बार!

- *भूतपूर्व शैतानवादी: जेम्स अदला-बदली* (पेपरबैक) — खरीदना यहाँ [3] | ई-पुस्तक पर अमेज़न [4]

3. https://shop.ingramspark.com/b/
084?पैरामीटर=I2HNGtbqJRbal8OxU3RMTApQsLLxcUCTC8zUdzDy0W1

4. https://www.am azon.com/JAMESES-Exchange-Testimony-High-Ranking-Encounters-ebook/dp/
B0DJP14JLH

- ***गवाही का एक अफ़्रीकी पूर्व शैतानवादी*** - *पादरी जोनास लुकुंट्र एमपीएएलए* (पेपरबैक) — खरीदना यहाँ [5] | ई-पुस्तक पर अमेज़न [6]

- *ग्रेटर कारनामे 14* (पेपरबैक) — खरीदना यहाँ [7] | ई-पुस्तक पर अमेज़न [8]

5. https://shop.ingramspark.com/b/084?params=0Aj9Sze4cYoLM5OqWrD20kgknXQQqO5AZYXcWtoMqWN
6. https://www.am azon.com/TESTIMONY-African-EX-SATANIST-Pastor-Jonas-ebook/dp/B0DJDLFKNR
7. https://shop.ingramspark.com/b/084?params=772LXinQn9nCWcgq572PDsqPjkTJmpgSqrp88b0qzKb
8. https://www.am azon.com/Greater-Exploits-MYSTERIOUS-Strategies-Countermeasures-ebook/dp/

B0CGHYPZ8V

- *बाहर का शैतान का कड़ाही* द्वारा जॉन रामिरेज़ — उपलब्ध पर अमेज़न [9]
- *वह आया को तय करना बंदी मुक्त* द्वारा रेबेका भूरा — खोजो पर अमेज़न [10]

अन्य किताबें प्रकाशित द्वारा लेखक – ऊपर 1000 शीर्षक प्यार, चुना और पूरा : अस्वीकृति से 30 दिन की यात्रा **मरम्मत** अनुवाद में 40 बोली का दुनिया https://www.am azon.com/Loved-Chosen-Whole-Rejection-Restoration- ebook/dp/B0F9VSD8WL https://shop.ingramspark.com/b/ 084?पैरामीटर=xga0WR16muFUwCoeMUBHQ6HwYjddLGpugQHb3DVa5hE

9. https://www.am azon.com/Out-Devils-Cauldron-John-Ramirez/dp/0985604306

10. https://www.am azon.com/He-Came-Set-Captives-Free/dp/0883683239

Loved, Chosen
and Whole
A 30-Day Journey
from Rejection to
Restoration

में उसका कदम — ए 40 दिन डब्ल्यूडब्ल्यूजेडी चुनौती:
जीविका पसंद यीशु में वास्तविक जीवन कहानियाँ आस-पास दुनिया

https://www.am azon.com/His-Steps-Challenge-Real-Life-Stories-ebook/dp/
B0FCYTL5MG

https://shop.ingramspark.com/b/
084?पैरामीटर=DuNTWS59IbkvSKtGFbCbEFdv3Zg0FaITUEvlK49yLzB

यीशु पर दरवाजा:

40 शोकाकुल कहानियाँ और स्वर्ग का अंतिम चेतावनी को आज के चर्च

https://www.amazon.com/dp/B0FDX31L9F

https://shop.ingramspark.com/b/084?params=TpdA5j8WPvw83glJ12N1B3nf8LQte2a1lIEy32bHcGg

वाचा ज़िंदगी: 40 दिन का चलना में आशीर्वाद का व्यवस्थाविवरण 28

- https://www.amazon.com/dp/B0FFJCLDB5

कहानियां से असली लोग, असली आज्ञाकारिता, और असली

https://shop.ingramspark.com/b/
084?पैरामीटर=bH3pzfz1zdCOLpbs7tZYJNYgGcYf U32VMz3J3a4e2Qt

परिवर्तन में ऊपर 20 बोली

जानने उसकी और जानने उसे:
40 दिन को उपचारात्मक, समझ, और स्थायी प्यार

https://www.amazon.com/KNOWING-HER-HIM-Healing-Understanding-ebook/dp/B0FGC4V3D9
https://shop.ingramspark.com/b/084?params=vC6KCLoI7Nnum24BVmBtSme9i6k59p3oynaZOY4B9Rd

पूरा, नहीं पूरा:
ए 40 दिन यात्रा को उद्देश्य, एकता, और सहयोग

https://shop.ingramspark.com/b/
084?पैरामीटर=5E4v1tHgeTqOOuEtfTYUzZDzLyXLee30cqYo0Ov9941
https://www.am azon.com/COMPLETE-NOT-COMPETE-Journey-Collaboration-ebook/dp/B0FGGL1XSQ/

दिव्य स्वास्थ्य कोड - 40 दैनिक चाबियाँ को सक्रिय करें उपचारात्मक भगवान के द्वारा शब्द और निर्माण अनलॉक उपचारात्मक शक्ति का पौधे, प्रार्थना, और भविष्यसूचक कार्रवाई

https://shop.ingramspark.com/b/

084?पैरामीटर=xkZMrYcEHnrJDhe1wuHHYixZDViiArCeJ6PbNMTbTux

https://www.amazon.com/dp/B0FHJT42TK

अन्य किताबें कर सकना होना मिला पर लेखक पृष्ठ

https://www.amazon.com/ stores/Ambassador-Monday-O.-Ogbe/author/B07MSBPFNX

www.ingramcontent.com/pod-product-compliance
Lightning Source LLC
LaVergne TN
LVHW090225051026
849517LV00001B/191
9798295588624